よんでワクワク！
おはなし かん字《じ》じてん

かん字《じ》のくにの
ぼうけん

保護者の方へ

この本は、漢字を習いはじめのお子様が、漢字に親しむことができるよう、漢字をキャラクターにしています。

小学校一年生で学習する八十字の漢字が、個性あふれるキャラクターになって、楽しい冒険仕立てのストーリーで登場します。

お話の中では、それぞれの漢字のキャラクターが、それぞれの意味にちなんだ活躍をします。

読んでいくうちに、自然と漢字に興味や親しみを持つだけでなく、漢字の意味や形も知らず知らずのうちに覚えていくことができます。

また、本の後半では、一年生で習う漢字辞典を掲載しているので、漢字の正しい形や、使い方も学ぶことができます。

おうちの方も、ぜひ、お子様と一緒に漢字の世界を楽しんでください。

もくじ

もくじ

ヒカル《ひかる》と　マキ《まき》は　小学校《しょうがっこう》一年生《いちねんせい》。
ある日《ひ》、二人《ふたり》は、小学校《しょうがっこう》から　かえるとちゅう、
みちに　おちていた　ふしぎな　かみを
みつけました。

なにかの　ちずみたいだね。
とっても　ふるい　もの
みたいだけど。

◀マキ《まき》

▲ヒカル《ひかる》

二人《ふたり》が　ふしぎに
おもって　見《み》て　いると、
とつぜん、ちずから　ひかりが
出《で》てきて　まわりの　けしきが
ぐるぐると　まわりはじめました。
「うわ〜。」
「目《め》が　まわるよ〜。」
二人《ふたり》は　おもわず、目《め》を　つぶりました。

ヒカル《ひかる》と　マキ《まき》が　目《め》を　あけると、
そこは　ふしぎな　せかい。
二人《ふたり》は　きょろきょろと
まわりを　見《み》ます。

しまの　ちず
王《おう》さまの
おしろと
じょう下《か》町《まち》
田《た》んぼ村《むら》
ここは
どこだろう？
へんな
ところに
きちゃったね。

すると　だれかが　こえを　かけてきました。

「やあ　めずらしい。人《にん》げんだ。」

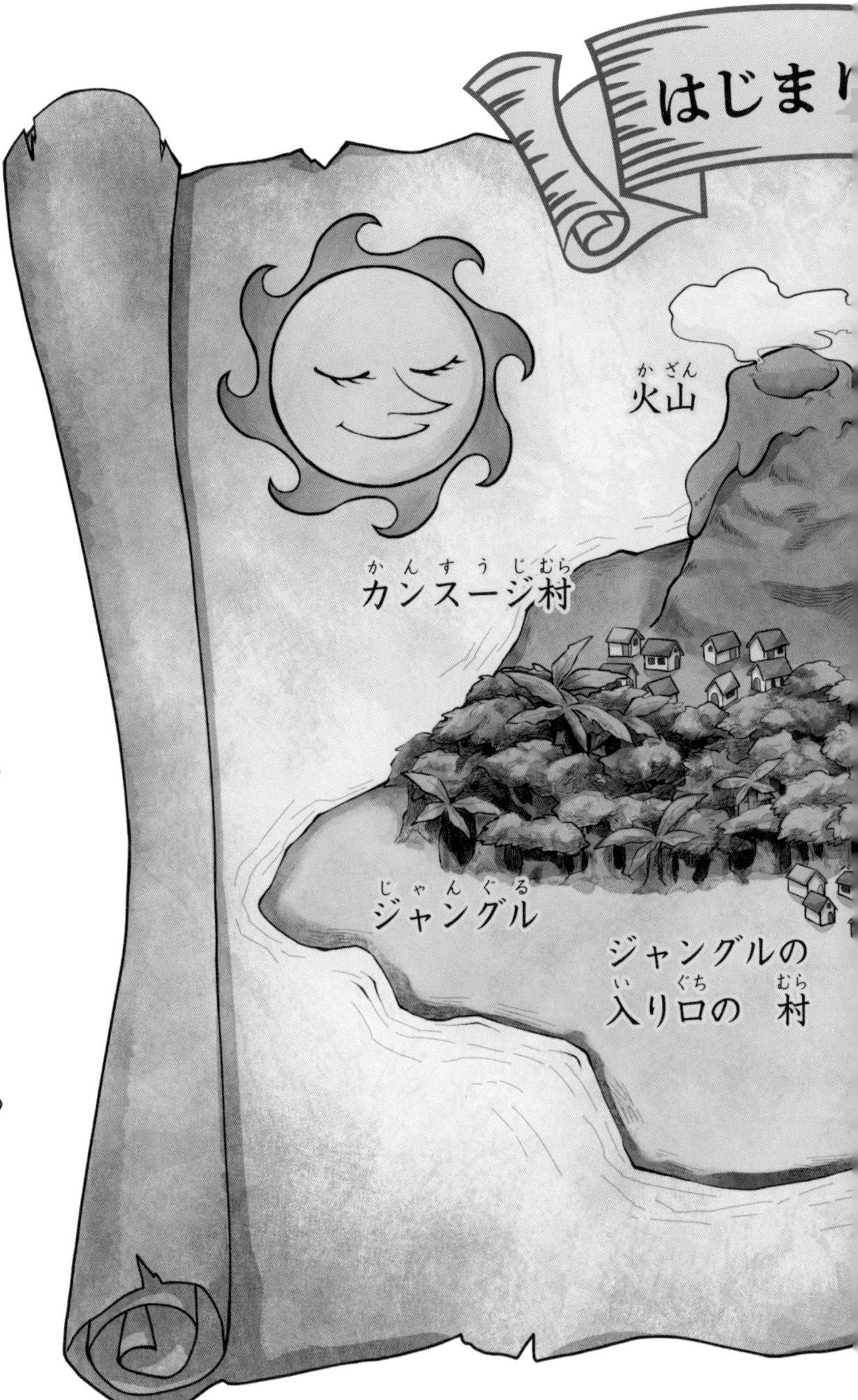
はじま
火山《かざん》
カンスージ村《かんすうじむら》
ジャングル《じゃんぐる》
ジャングルの
入《い》り口《ぐち》の　村《むら》

ヒカル《ひかる》と　マキ《まき》の　目《め》の　まえに
いたのは、きみょうな　生《い》きもの。

きみたちは　だれ？

ぼくたちは
かん字《じ》の　せいれい
カンジュウ《かんじゅう》。

ここは、
カンジュウの　すむ
はじまりしまだよ。

二人《ふたり》は　どうやら、ふしぎな
かん字《じ》の　くにに　まよいこんで　しまったようです。

1しょう

はじまりしまの 王《おう》さま

この　しょうで　出《で》て　くる　かん字《じ》は、78ページ《ぺえじ》からの　「かん字キャラ《じきゃら》ずかん」
79~89ページでも　しょうかいして　いるよ。

1わ

王《おう》さまの　しろ

ぼくたち　どう　なるのかな？

もとの　せかいに　かえりたいよ。

ヒカル《ひかる》と　マキ《まき》が　こまった　かおを　すると、

きみたち　人《にん》げんだね。
ほかの　人《ひと》は　いないの？

そして、一人《ひとり》の　カンジュウ《かんじゅう》が　いいました。

「もとの　せかいに　もどりたいなら、
王《おう》さまに　たのむと　いいよ。」

「王《おう》さまなら、おしろに　いる　はずさ。」

ヒカルと　マキは　おしろに　むかいました。

【クイズ《くいず》】
この　二人《ふたり》は　それぞれ
なにの　かん字《じ》の　カンジュウかな？
（こたえは　つぎの　ページ《ぺえじ》）

ヒカル《ひかる》と　マキ《まき》は　はじまりしまの　王《おう》さまの　しろに
やって　きました。
すると、　王《おう》さまが　こまった　かおを　して　います。

わたしが　この王《おう》こくの
王《おう》さまだよ。
いま、　とても　こまって　いるんだ。

王▶

二人《ふたり》が　わけを　きくと、
「男《だん・なん》《おとこ》」と　「女《じょ》《おんな》」の　カンジュウ《かんじゅう》が　いいました。

かん字《じ》の よみ

15ページ《ぺえじ》の　【こたえ】
→人　→子

そこの　男《おとこ》の子、きいてくれ。王《おう》さまの
大《だい》じな　ゆびわが　なくなったのだ。
男《だん》子《し》トイレを　さがしたが　なかった

そこの　女《おんな》の子、よく　きいて。
女《じょ》王《おう》さまが　しったら　とても　おこるわ。
あまり　おおくの　人《ひと》に　いわないで。

ヒカルと　マキは、もとの　せかいに　もどして
もらうかわりに、ゆびわさがしを　たのまれました。

男▶

◀女

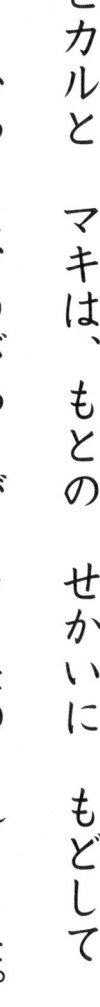

ヒカル《ひかる》と　マキ《まき》は　おしろの　中《なか》で　ゆびわを
さがしました。
すると、　おしろで　はたらく　「名《めい・みょう》《な》」と
「力《りょく・りき》《ちから》」の　カンジュウ《かんじゅう》に　あいました。

きみたちの　名《な》まえは、　ヒカルと
マキだね。
王《おう》さまの　ゆびわは、　ゆう名《めい》な
ゆびわづくり名人《めいじん》が　つくったよ。

◀名

王《おう》さまの　ゆびわを　さがして
いるんだって？　力《ちから》しごとなら
きょう力《りょく》できるよ。

二人《ふたり》とも、ゆびわが　なくなったことは
しっていましたが、どこに　あるのかは
しらないようです。

ほかの　カンジュウにも
きいて　みよう。

ヒカル《ひかる》と　マキ《まき》は、こんどは　「口《こう・く》《くち》」と
「手《しゅ》《て》」の　カンジュウ《かんじゅう》に　あいました。
「口《こう・く》《くち》」の　カンジュウは　とっても　おしゃべりです。

王《おう》さまの　ゆびわが　なくなった？
大《だい》じけんだ！
おいらが　みんなに　しらせるよ。
おいらが　大《おお》きな　口《くち》を　ひらけば、
とっても　大《おお》きな　こえが　出《で》るのさ！

◀口

ヒカルは　あわてました。
ゆびわが　なくなった　ことは、あまり　たくさんの
人《ひと》に　おしえては　いけないのです。
すると、「手《しゅ》《て》」の　カンジュウが　たくさんある　手《て》を
あげて、しずかに　いいました。

◀手

2わ

ゆびわを　おいかけろ！

町《まち》に　もどった　ヒカル《ひかる》と　マキ《まき》は、
「目《もく》《め》」の　カンジュウ《かんじゅう》を
さがします。

足《あし》が　はっきり　わからないのが
「目《もく》《め》」の　カンジュウさ。　さっき、
早足《はやあし》で　あるいていったぜ。

▲足

「目《もく》《め》」の カンジュウは ぼくの
ともだち。 でも、耳《みみ》は ないんだ。

「足《そく》《あし・た》」と 「耳《みみ》」の カンジュウから
ヒントを もらった
ヒカルと マキは、
「目《もく》《め》」の カンジュウを
見《み》つけました。

【クイズ《くいず》】
「目」の カンジュウは どっち？
（つぎの ページ《ぺえじ》を 見《み》ると、
こたえが わかるよ。）

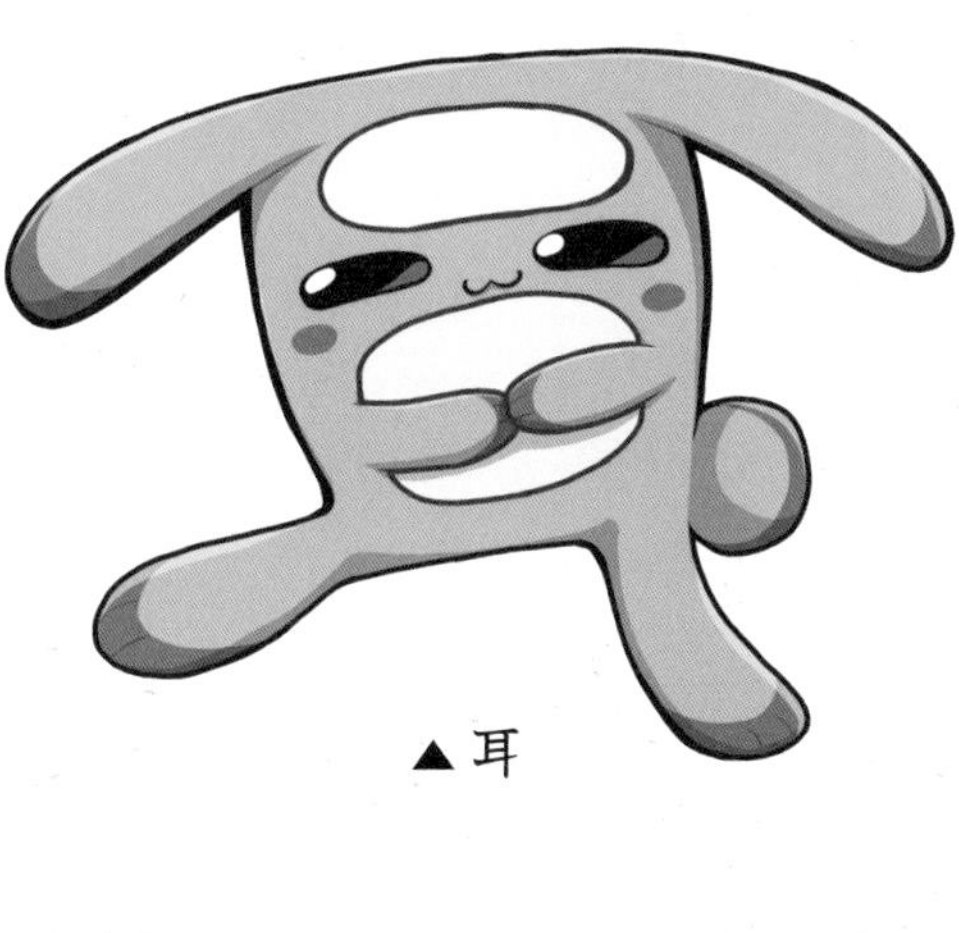

▲耳

「目《もく》」の　カンジュウ《かんじゅう》は　いいました。

わたし、目《め》が　いいんだ。
あやしい　カンジュウが
ゆびわを　もって　町《まち》の　外《そと》に
いくのを　目《もく》げきしたよ。

はなしを　きいた　ヒカル《ひかる》と　マキ《まき》は、
町《まち》の　はずれに　いきました。
そこには、二人《ふたり》の　カンジュウが　いました。

ここは、町《まち》の 出《で》入《いり》口《ぐち》。町《まち》に
出《で》入《い》りする 人《ひと》を 見《み》はって いるんだ。

ゆびわを もった カンジュウが どこへ
いったかを きくと、

そいつなら、町《まち》を 出《で》て いった。
あさ早《はや》く 出《しゅっ》ぱつしたな。おっと、
町《まち》を 出《で》たいなら、下《した》に ある
クイズ《くいず》に こたえるんだ。

◀出

◀入

【クイズ《くいず》】「人」と「入」。「はいる」は
どっち？（こたえは　つぎの　ページ《ぺえじ》）

ヒカル《ひかる》と　マキ《まき》が　町《まち》を　出《で》ようと　すると、
おしろの　ほうから、三人《さんにん》の　カンジュウ《かんじゅう》が
やってきました。

おうい、二人《ふたり》とも。大《だい》はっ見《けん》だ。
ゆびわの　手《て》がかりが　見《み》つかったよ！

立《た》ったまま　きいてね。町《まち》の　外《そと》で、
ゆびわを　もって　立《た》っていた
カンジュウが　いたんだって。

25ページ《ぺえじ》の　こたえ　「入」

「見《けん》《み》」と 「立《りっ》《た》」の カンジュウが
口《くち》ぐちに いいました。

「よし、いそごう！」

ヒカルと マキが 出《しゅっ》ぱつしようとすると、

「休《きゅう》《やす》」の カンジュウが いいました。

二人《ふたり》とも。ここで すこし
休《やす》んで いこうよ。
休《きゅう》けいは 大《たい》せつだよ。

◀休

ヒカル《ひかる》と　マキ《まき》は　ちかくの　としょかんで
休《やす》むことに　しました。としょかんには
いろいろな　カンジュウ《かんじゅう》が　いました。

おっほん！　わたしは　本《ほん》ずきの
カンジュウ。本《ほん》は　本《ほん》とうに
やくに　立《た》ちますよ。
その本《ほん》は、わたくしが　文《ぶん》を
かきました。文《ぶん》しょうが

◀本

▲文

とくいなのです。

むずかしい字《じ》が　あったら、
ボクに　いえば　おしえて
あげる。かん字《じ》も　よめるよ。

◀ 字

ヒカルと　マキは　町《まち》の　外《そと》には
なにが　あるか　きいてみました。でも、みんな、
としょかんの　ことしか　しらないようです。

としょかんには、はじまりしまの
学校《がっこう》の　先生《せんせい》たちが　本《ほん》を　かりに　きていました。

わしは　学校《がっこう》の　校《こう》長《ちょう》先生《せんせい》。
近《ちか》くに　校《こう》しゃが
あるんじゃ。
◀ 校

ヒカルと　マキは、先生《せんせい》たちに
町《まち》の　外《そと》の　ことを　きいてみました。

◀学

ボクたちの　学《がっ》校《こう》の　小《しょう》学《がく》生《せい》は
町《まち》の　外《そと》に　えん足《そく》に　いくんだ。

町《まち》の　外《そと》は　自《し》ぜんが　いっぱい。
虫《むし》の　音《ね》も　よく　きこえて、すてきな
音《おん》がくみたいだよ。でも、きけんも
おおいから、きちんと　じゅんびして
いったほうが　いいね。

▲音

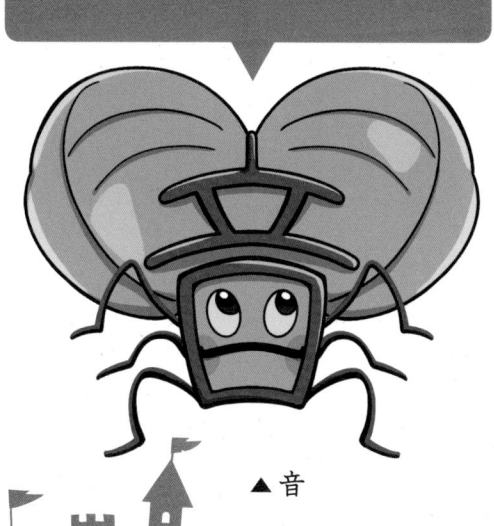

3わ

はん人《にん》を　さがせ！

ヒカル《ひかる》と　マキ《まき》は、町《まち》の　外《そと》に　出《で》る

じゅんびを　するために、おみせに

いきました。

「休《きゅう》」《やす》の　カンジュウが　いいました。

「お金《かね》は、王《おう》さまが　はらうから、

すきな　ものを　かうと　いいよ。」

シャシャ《しゃしゃ》。
ぜひ 車《くるま》を
どうぞ！

おっと、町《まち》の
外《そと》では 車《しゃ》りんが
まわりませんね。

◀車

◀玉

糸▶

シシシ《しし》。
つり糸《いと》が あれば
つりが できますよ。

たまたま ここに
きたの？ きれいな
玉《たま》はいかが？
なんの やくにも
立《た》たないけれど。

じゅんびを　ととのえた　ヒカル《ひかる》と　マキ《まき》は、
じょう下町《かまち》の　外《そと》に　出《で》ました。

わたしは　町《まち》の　町長《ちょうちょう》。
お二人《ふたり》を　見《み》おくりに
きました。

町▶

ヒカルと　マキが、町長《ちょうちょう》に　見《み》おくられて
じょう下町《かまち》の　外《そと》に　出《で》ると、「村《そん》《むら》」と「田《でん》《た》」の
カンジュウ《かんじゅう》に　あいました。

ゆびわを　もって　いた　はん人《にん》の　ことを
きいて　みると、

わたしは　田《た》んぼ村《むら》の　村長《そんちょう》です。
村人《むらびと》に　きいて　みましょう。

おいらが　田《た》んぼで
田《た》うえを　していたら
ジャングル《じゃんぐる》の　ほうに
はしって　いったぞ。

◀田

村▶

ゆびわを　ぬすんだ
はん人《にん》は、しまの　ジャングル《じゃんぐる》に
にげた　ようです。

おいらも　いっしょに　いくよ！
休《やす》み　休《やす》み　いこうよ！

この子《こ》　やくに　立《た》つのかな？
とにかく、ヒカル《ひかる》と　マキ《まき》は　ジャングルに
むかって　あるき出《だ》しました。

2しょう

はじまりしまの ジャングル《じゃんぐる》

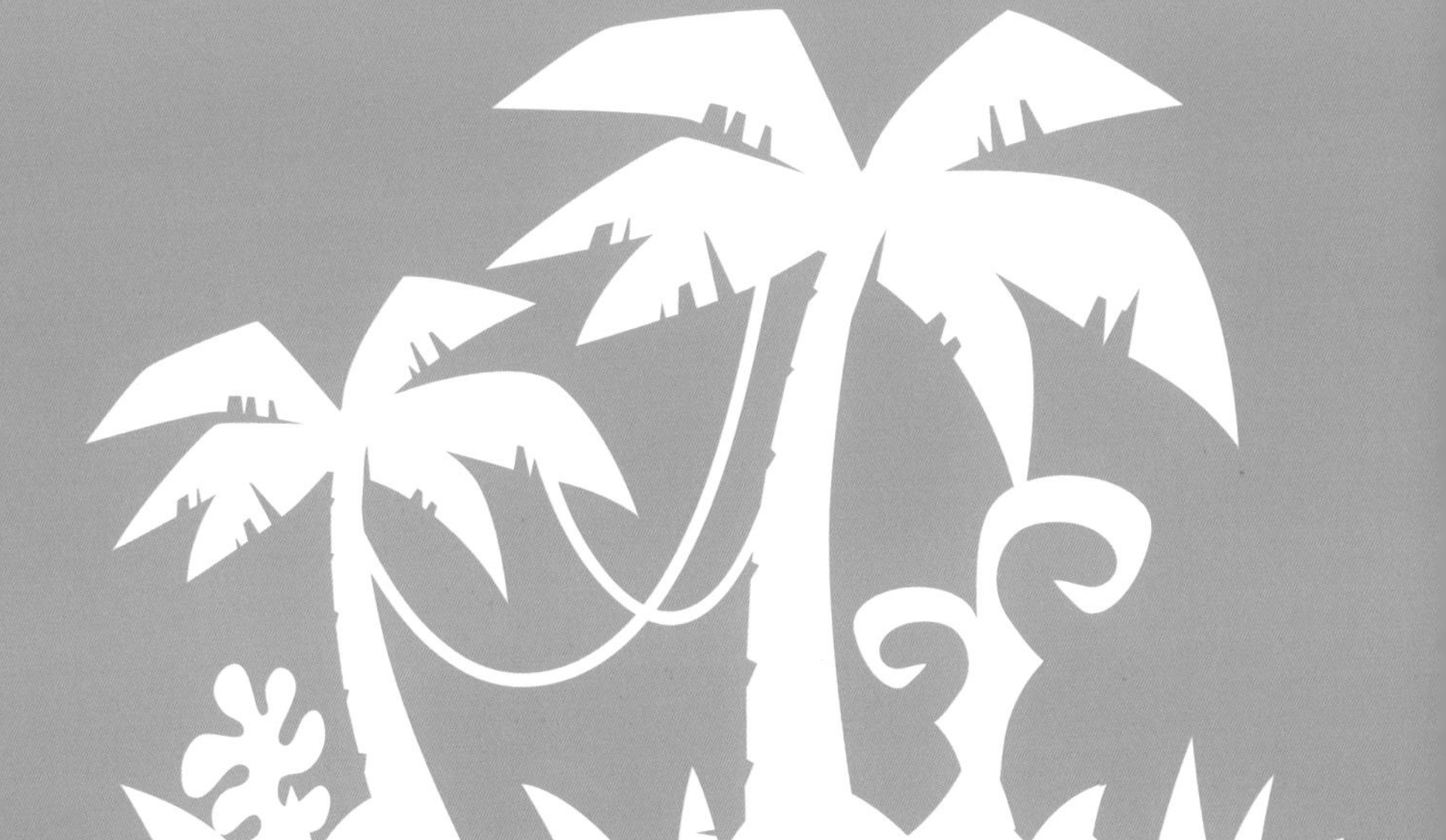

この　しょうで　出《で》て　くる　かん字《じ》は、78 ページ《べえじ》からの　「かん字《じ》キャラずかん」
90~100 ページでも　しょうかいして　いるよ。

1わ

ジャングル《じゃんぐる》に　むかって

ジャングルに　いく　とちゅうで「川《かわ》」と「山《やまさん》」の　カンジュウ《かんじゅう》に　あいました。

ヒカル《ひかる》と　マキ《まき》は、ゆびわを　ぬすんだ　はん人《にん》の　ことを　ききました。

ジャングルの　中《なか》には
大《おお》きな　川《かわ》が　あるよ。
川《かわ》を　わたるのは　大《たい》へんだ。

ジャングルの　さきに　火山《かざん》が
あるよ。山《やま》に　のぼるのも
大《たい》へんだから、はん人《にん》は
まだ　ジャングルの　中《なか》に
いるんじゃないかな？

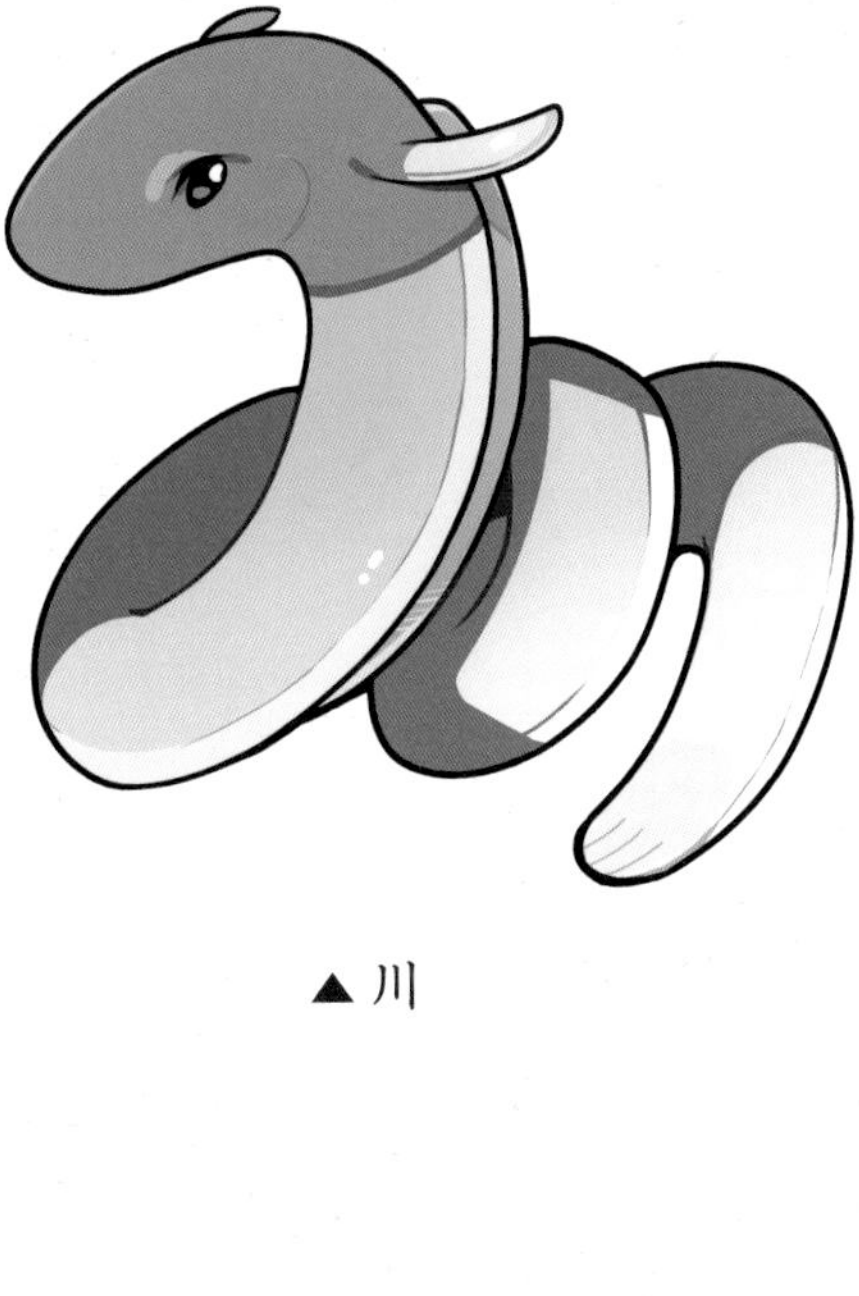

▲川

◀山

ヒカル《ひかる》と　マキ《まき》は　ジャングル《じゃんぐる》の　入《い》り口《ぐち》に
やって　きました。　そこには、「木《ぼく・もく》《き・こ》」と
「林《りん》《はやし》」と　「森《しん》《もり》」の　カンジュウ《かんじゅう》の
きょうだいが　くらして　いました。

この先《さき》は
たくさんの　木《き》が
はえて　いるよ。
これから　たき木《ぎ》を
とりに　いくんだ。

◀木

▼林

ジャングルは、
林《はやし》よりも
木《き》が
おおいんだ。

ジャングルは　大《おお》きな
森《もり》さ。たくさんの
カンジュウが　すんで
いるよ。

▲森

マキは、「森《しん》《もり》」の　カンジュウに　ききました。

ジャングルは　どのくらい
大《おお》きいの？

このしまの　はんぶんが
ジャングル《じゃんぐる》だよ。とても　ひろいから
まいごに　ならないようにね。

「森《しん》《もり》」の　カンジュウ《かんじゅう》の　はなしを　きいた
ヒカル《ひかる》と　マキ《まき》は、ジャングルに
いくのが　すこし　こわくなりました。
すると、そばにいた　ほかの
カンジュウが　いいました。

花 ▶

◀ 竹

ジャングルは　きれいな　花《はな》が　さいていて、
花《か》だんより　うつくしい　ばしょだよ。

草《くさ》も　たくさん　はえていて、
なかには　やく草《そう》も　あるよ。

りっぱな　竹《たけ》の　林《はやし》も　あるよ。
きっと　きみたちも　気《き》に入《い》る　はずさ。

▲ 草

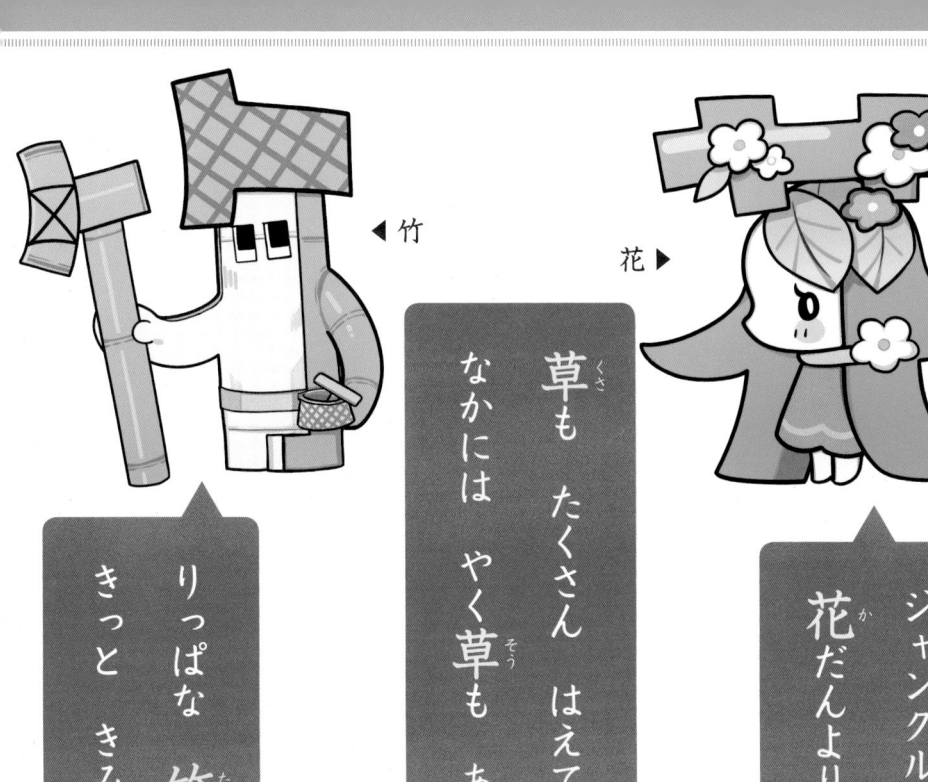

2わ

ジャングル《じゃんぐる》の カンジュウ《かんじゅう》

ジャングルに ついた ころには、
すっかり よるに なって いました。

きょうは ここで 休《やす》もうよ。

三人《さんにん》で キャンプを して いると、
「火《か》《ひ》」と 「水《すい》《みず》」と 「土《ど・と》《つち》」の カンジュウが
やって きて、 よるごはんを ごちそうして くれました。

火▶

たき火《び》で
さかなを
やこう。
火《か》じには
きを　つけて。

◀水

川《かわ》の　水《みず》を
どうぞ。
水《すい》どうの
水《みず》より
おいしいよ。

▼土

ねん土《ど》を　こねて、
おさらを
つくるよ。
ここの　土《つち》を
ほってね。

たき火《び》で　やいた　さかなを　たべていると、
ジャングル《じゃんぐる》に　すむ　ほかの　カンジュウ《かんじゅう》たちが
やってきました。

わしは　生《い》きもの　はかせ。
学校《がっこう》の　先《せん》生《せい》も　しているよ。

ジャングルの　川《かわ》には
貝《かい》が　たくさん　いるんだ。
きれいな　まき貝《がい》も　いるよ。

◀生

貝▶

ぼくは、虫《むし》とりに　むちゅうさ！
きみたちは　こん虫《ちゅう》、すき？

ヒカル《ひかる》と　マキ《まき》が、ゆびわの　ことを　きくと、
「犬《けん》《いぬ》」の　カンジュウが　いいました。

ぼくは、けいさつ犬《けん》の　ように
はなが　きくんだ。においで　ゆびわが
どこに　いったか　見《み》つけられるよ。

◀犬

虫▶

王《おう》さまは　ケーキ《けえき》が　大《だい》すきなんだ。
だから　ゆびわにも　ケーキの　においが
ついて　いるかも。

ケーキの　においなら、この　先《さき》の
どうくつに　むかって　いるぞ。

つぎの　日《ひ》、ヒカル《ひかる》と　マキ《まき》、「休《きゅう》《やす》」の
カンジュウは　どうくつに　むかいました。
どうくつには　「石《しゃく・せき》《いし》」と　「金《きん・こん》《かな・かね》」の　カンジュウ《かんじゅう》が　いました。

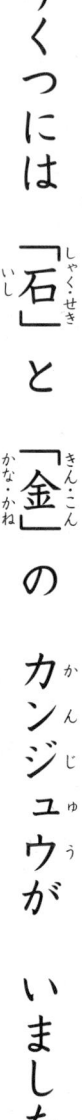

王《おう》さまの　ゆびわ？
りっぱな　ほう石《せき》が
ついて　いるのか？

二人《ふたり》とも
ゆびわの　ことは
しらない
ようです。

この先《さき》は　石《いし》が
ごろごろして　いる
から　気《き》を　つけろ。

◀石

金▶

金《きん》や　ぎんも
ついて　きらきらして
いるかも。つくるのに
お金《かね》が　かかったに
ちがいない。

3わ

空《そら》に うかぶ カンジュウ《かんじゅう》

どうくつを ぬけると、
そこは、ジャングル《じゃんぐる》の 出口《でぐち》でした。
その先《さき》には 大《おお》きな 火山《かざん》が
見《み》えています。
「ゆびわは 見《み》つからなかったね。」
マキが いうと、空《そら》から
こえが きこえました。

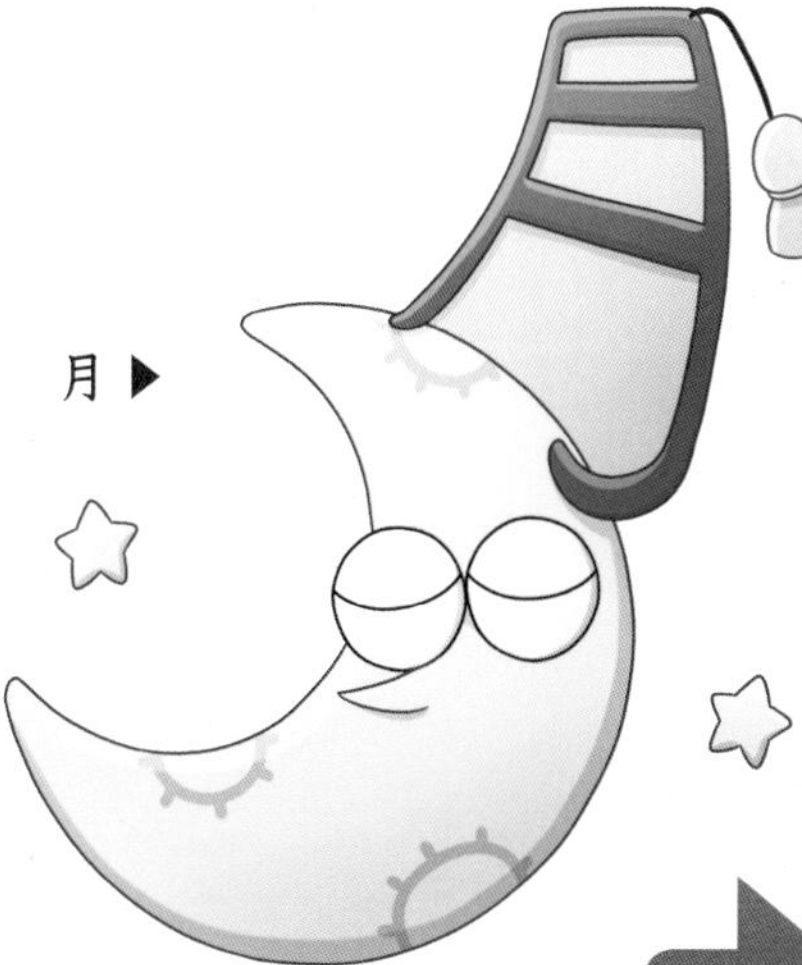

月▶

▲日

やあ、こんにちは。
お日《ひ》さまが　かがやき　出《だ》したよ。
いい　一日《いちにち》に　なりそうだね。

月《つき》は　そろそろ　しずむよ。
きょうは　三日月《みかづき》だったんだ。

きみたち、王《おう》さまの
ゆびわを　ぬすんだ
はん人《にん》を　しらない？

ぼくは　しらないなあ。
ふわあ、ねむいから　じゃあね。

ぼくらは、一《いち》日《にち》中《じゅう》　空《そら》に　いるわけじゃ
ないからね。むこうに　いる　二人《ふたり》なら
なにか　見《み》ているかも。

ヒカル《ひかる》たちは、むこうの　空《そら》に　うかぶ
「空《くう》《あ・から・そら》」と　「天《てん》《あま》」の　カンジュウ《かんじゅう》に　はなしかけました。

ゆびわを　ぬすんだ　はん人《にん》？
空《そら》から　見《み》てたよ。空《くう》気《き》みたいに
かるい　やつだ。

それから、そいつは、
天《てん》気《き》の　いい日《ひ》には
ごきげんだよ。

【クイズ《くいず》】
「天」と　「空」の　カンジュウのことばの
中《なか》に　はん人《にん》の　かん字《じ》が　かくれて
いるよ。
つぎの　ページ《ぺえじ》で　はん人《にん》を　見《み》つけよう！

「空《くう》《あ・から・そら》」と「天《てん》《あま》」の カンジュウ《かんじゅう》に おしえて もらった
ばしょには、四人《よにん》の カンジュウが いました。

はん人《にん》は だれかな？

「空気《くうき》」と「天気《てんき》」 どちらのことばにも
出《で》てきた かん字《じ》の カンジュウが はん人《にん》さ。

それぞれの ことばを よく よんで、だれが
はん人《にん》か かんがえてみよう。

ぼくは
一《いち》年《ねん》中《じゅう》ここに
いるから、
おしろには
いったことないよ。

わたしは
夕《ゆう》がただけ
すがたを 見《み》せるのだ。

ぼくは
雨《あめ》の 日《ひ》しか
外《そと》に 出《で》ないよ。

おいらは
気《き》ままに
生《い》きてるぜ。天《てん》気《き》の
いい日《ひ》は ごきげんだ！

「はん人《にん》は　きみだね？」
ヒカルが　「気《き・け》」の　カンジュウ《かんじゅう》に　いうと、

ごめんなさーい。
ゆびわが　きらきらして　きれいだったから、
気《き》に　なって　もって　きちゃったんだ。

「気《き・け》」の　カンジュウは　あやまりました。
でも、ゆびわは　もう　もって
いないと　いいました。どういうこと？

3しょう

火山《かざん》の　上《うえ》の げいじゅつか

この　しょうで　出《で》て　くる　かん字《じ》は、78ページ《ぺえじ》からの　「かん字《じ》キャラずかん」
101~110ページでも　しょうかいして　いるよ。

1わ ジャングル《じゃんぐる》に ぎゃくもどり！

「気《き・け》」の カンジュウ《かんじゅう》は、ゆびわを ジャングルの
川《かわ》で おとして しまったと いいました。
ヒカル《ひかる》と マキ《まき》は、いそいで
ジャングルに もどりましたが、
みちに まよって しまいました。
そこに、きょうだいの
カンジュウが やって きました。

クイズ《くいず》に　正《せい》かいしたら、
正《ただ》しい　みちを　おしえて
くれると　いいます。

わたしたちは、「左右《さゆう》」の
きょうだい。きみたちの　右《みぎ》手《て》に
いるのが「左《ひだり》」で、きみたちの
左《ひだり》手《て》に　いるのが「右《みぎ》」。
さあ、どっちが「右《みぎ》」かな？

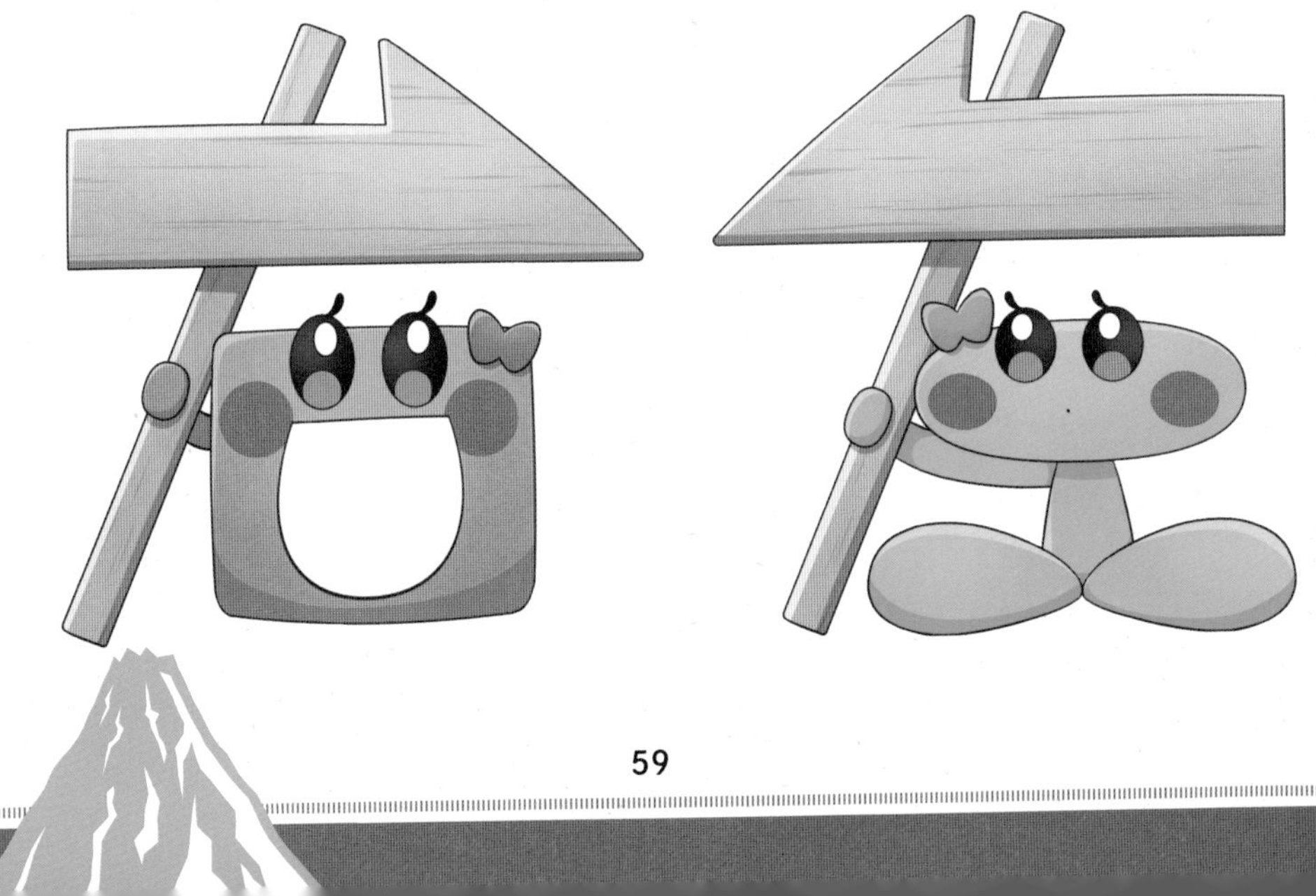

「あなたが　『右《みぎ》』ね。」　マキ《まき》が　いいました。

正《せい》かい！
ジャングル《じゃんぐる》は、この　みちを　右《みぎ》に
すすむと　いいよ！
右▶

正《ただ》しい　みちを　おしえて　もらった　ヒカル《ひかる》たちは、ジャングルに　もどってきました。

ジャングルの　川《かわ》で、ゆびわを　さがしていると、二人《ふたり》の　カンジュウ《かんじゅう》が　あらわれました。

ゆびわなら　しってる。
だれかが　川《かわ》で　ひろって、
手《て》の　上《うえ》に　のせて、
火山《かざん》の　ちょう上《じょう》に
のぼって　いったよ。

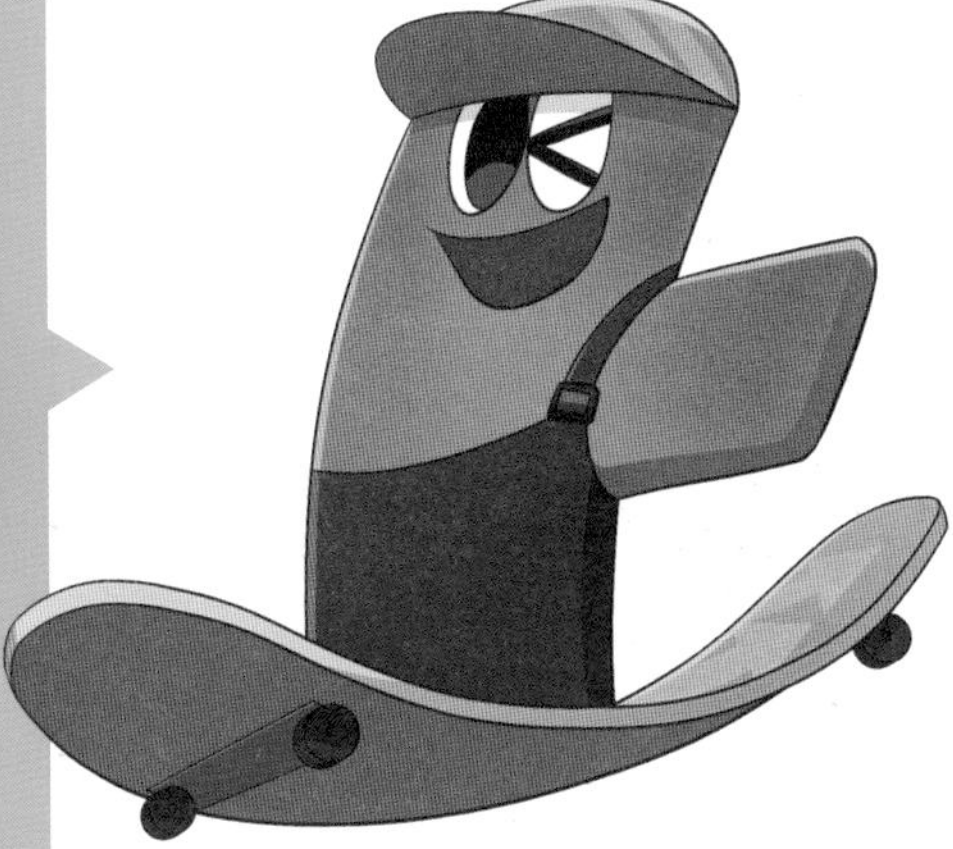

▲上

火山《かざん》の　下《した》の　村《むら》で
はなしを　きいてごらん。
ああ、木《き》に　ぶら下《さ》がって
いる　へびには
ちゅういして！

▼下

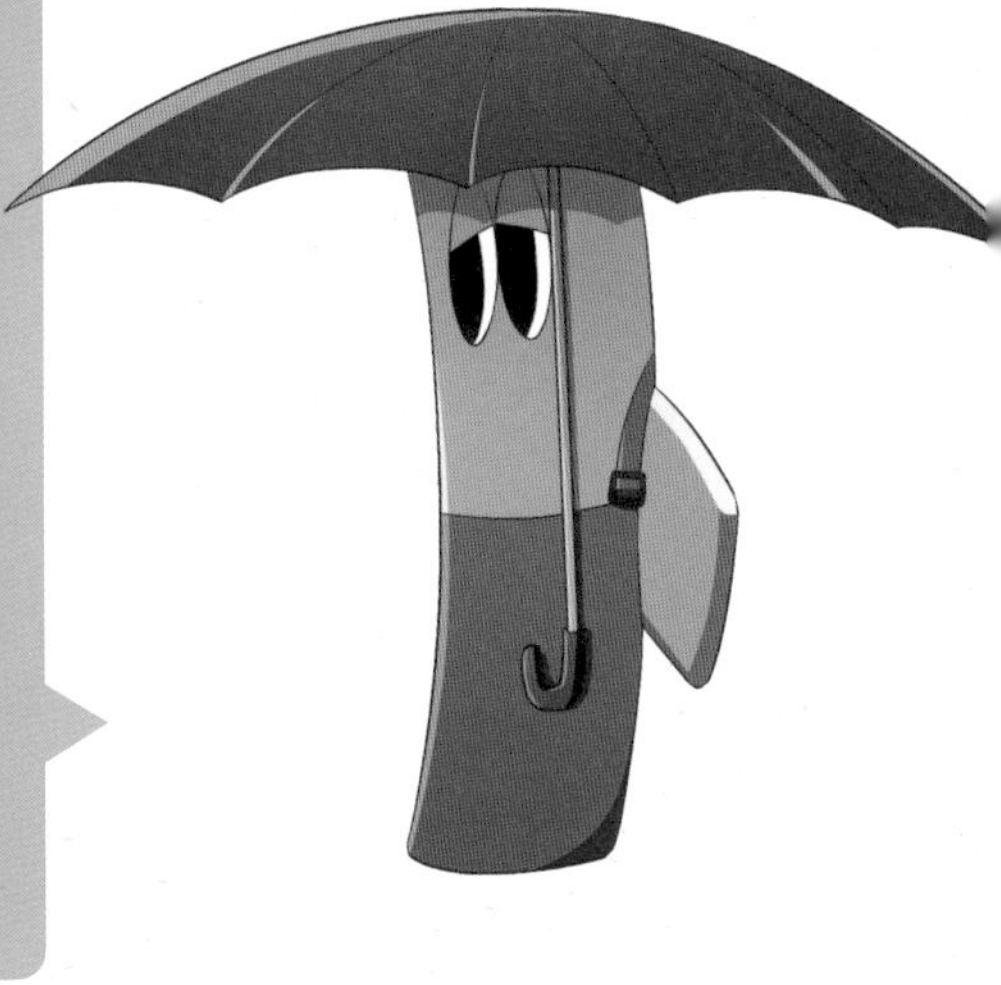

ジャングル《じゃんぐる》を　出《で》ようと　した　とき、
三人《さんにん》の　カンジュウ《かんじゅう》に　あいました。
なにか　なやみごとが　あるようです。

一《いっ》そうの　ふねで、
川《かわ》を　わたりたいんだ。
ふねは　ぼくしか　こげない。
でも、ぼくが　大《だい》学生《がくせい》で
体《からだ》が　大《おお》きすぎるから、
三人《さんにん》　いっしょに　のれないんだ。

わたしは　中《ちゅう》学《がく》生《せい》で　きょうだいの
まん中《なか》。ふねは　こげないよ。

中▶

ぼくは　小《しょう》学《がく》生《せい》で　きょうだいで
いちばん　小《ちい》さい。ふねは　こげない。

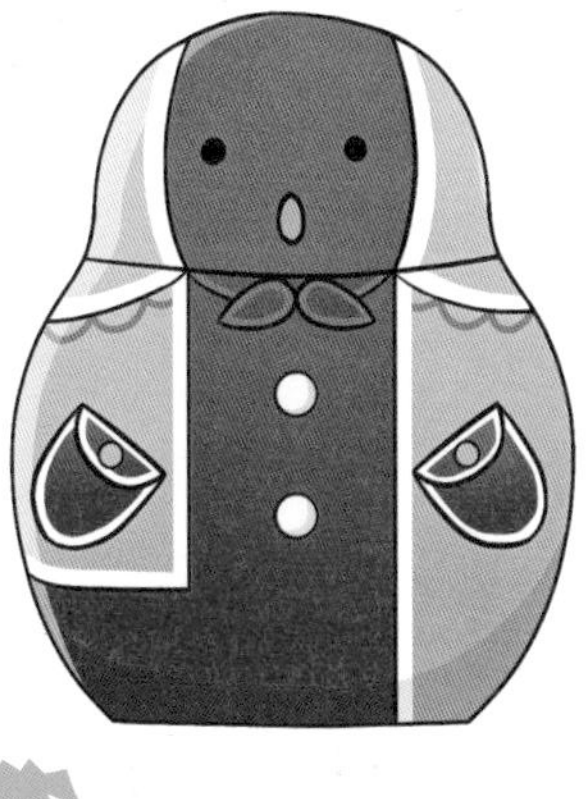

◀小

「ふねの　のりかたを　かんがえて
あげましょうよ。」　マキ《まき》が　いいました。

マキ《まき》は　ひらめきました。
「こうすれば　わたれるよ！」

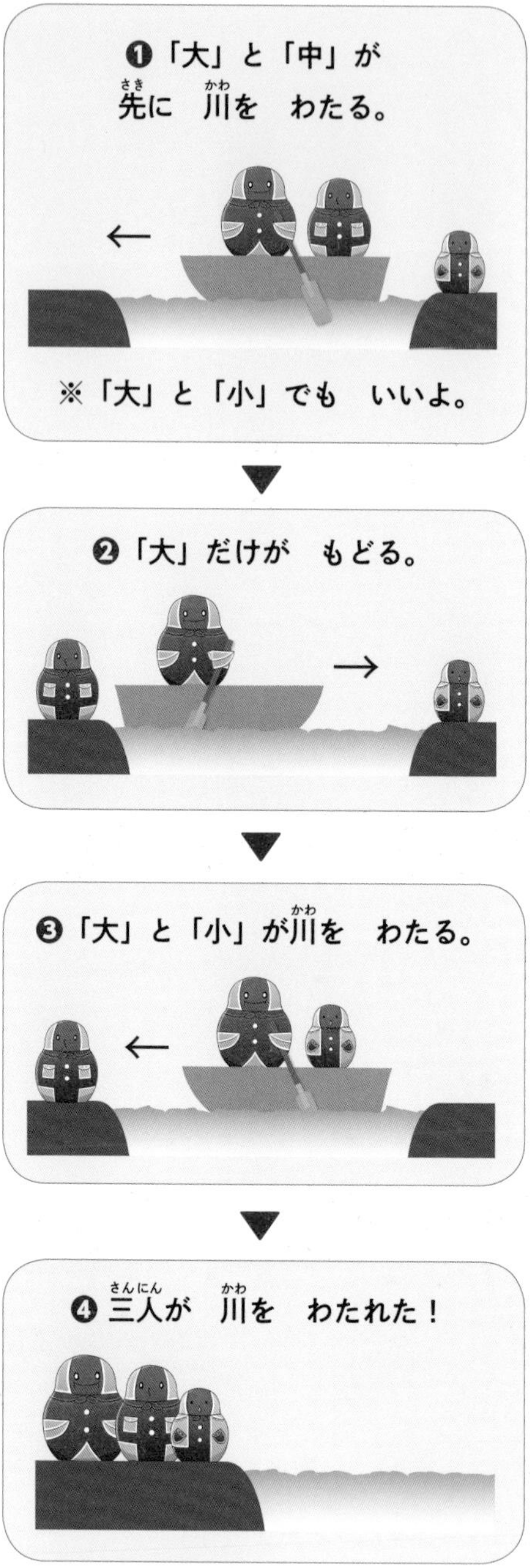
❶「大」と「中」が
先《さき》に　川《かわ》を　わたる。
※「大」と「小」でも　いいよ。
❷「大」だけが　もどる。
❸「大」と「小」が川《かわ》を　わたる。
❹三人《さんにん》が　川《かわ》を　わたれた！

マキの　アイディア《あいでぃあ》で、三人《さんにん》の　きょうだいの　カンジュウ《かんじゅう》は
ぶじに　川《かわ》を　わたることが　できました。

ヒカル《ひかる》と　マキと　「休《きゅう》《やす》」は、ジャングル《じゃんぐる》を
出《で》て、火山《かざん》の　下《した》の　村《むら》へと　むかいました。

おや？　村《むら》に　いくの？　わたしは
村《むら》の　学校《がっこう》の　先生《せんせい》。お先《さき》に　どうぞ。

◀早

もうじき　日《ひ》が　くれるよ。
村《むら》に　いくなら　早《はや》い
ほうが　いいわ。

先▶

2わ カ《か》ン《ん》ス《す》ー《う》ジ《じ》村《むら》の すう字《じ》たち

火山《かざん》の 下《した》に ある カンスージ村《むら》に
つくと、たくさんの
カンジュウ《かんじゅう》が
あつまって いました。

ぼくら、すう字《じ》の
十人《じゅうにん》きょうだい。
一《いち》から 十《じゅう》まで いるよ。

▲五

▲十

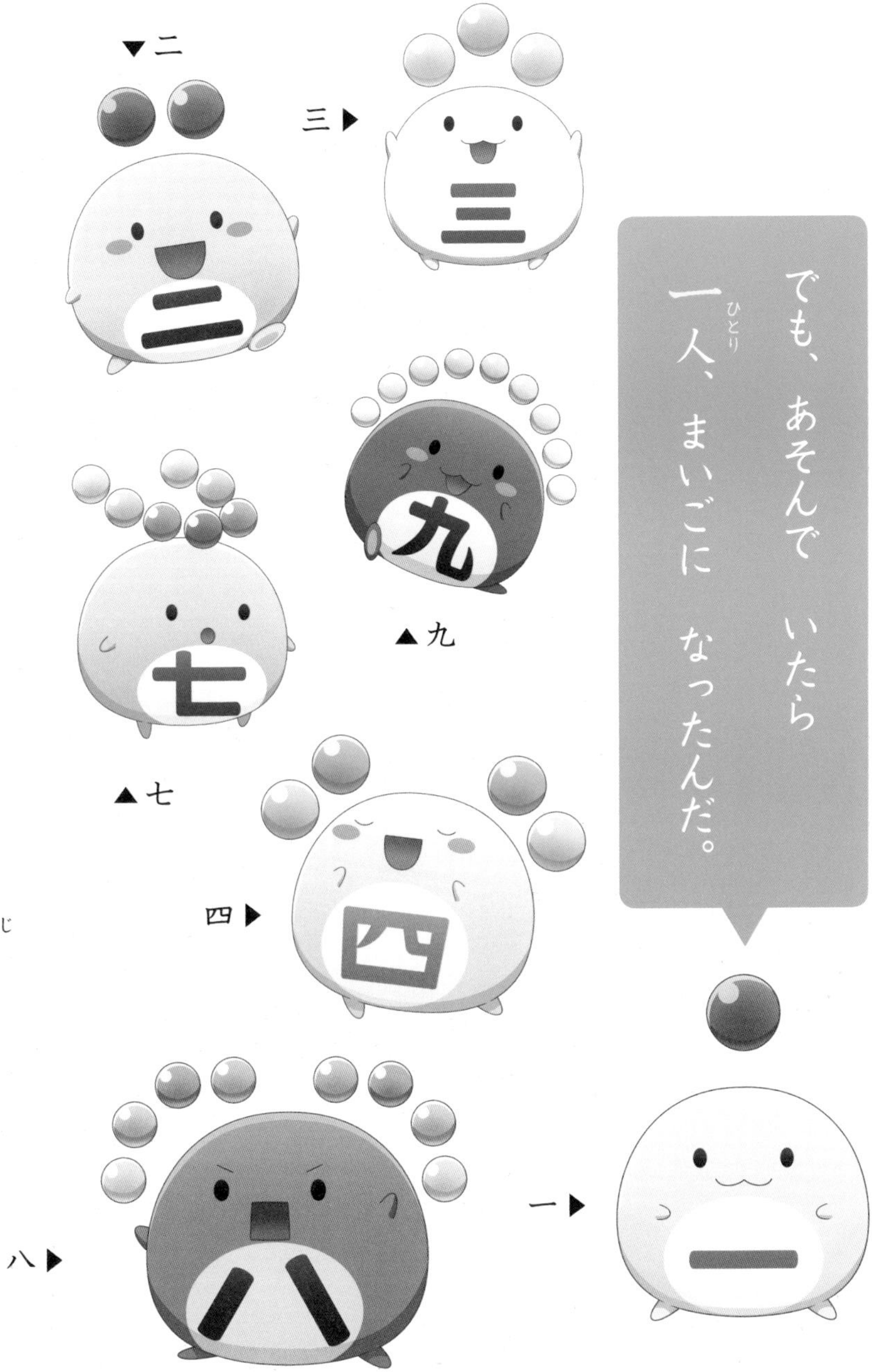
でも、あそんで　いたら
一人《ひとり》、まいごに　なったんだ。
▼二
三▶
▲九
▲七
四▶
八▶
一▶

いないのは、いったい　どの
すう字《じ》かな？

【クイズ《くいず》】　いない　すう字《じ》は　なにかな？
（こたえは　つぎの　ページ《ぺえじ》を　見《み》ると　わかるよ。）

まいごに　なって　いたのは、「六《ろく》《む・むい・むっ》」の　カンジュウ《かんじゅう》でした。
ヒカル《ひかる》と　マキ《まき》は、すう字《じ》の　きょうだいと　いっしょに、
まいごの　「六《ろく》《む・むい・むっ》」の　カンジュウを　さがしました。

わたしは　「百《ひゃく》」のカンジュウ。
この村《むら》を　六百《ろっぴゃく》かい　さがした
けれど、「六《ろく》《む・むい・むっ》」の　カンジュウは
みつからなかったよ。

◀百

わたしは「千《せん・ち》」のカンジュウ。
千《せん》円《えん》くれたら、いっしょに
さがしても　いいぞ。

千▶

▼六

ぼくなら
ここに　いるよ！

ヒカルと　マキは、「六《ろく・む・むい・むっ》」の　カンジュウを　見《み》つけました。

3わ

ゆびわを 見《み》つけた!

つぎの 日《ひ》の あさ、ヒカル《ひかる》と マキ《まき》は ゆびわの
手《て》がかりを つかみました。

そういえば、火山《かざん》の 上《うえ》には、三人《さんにん》の
げいじゅつかの きょうだいが すんで いるよ。

円《まる》い ドア《どあ》の ある いえに すんで いるよ。
えを かいて、一《いち》まい 千円《せんえん》で うって いるんだ。

◀円

きっと、その　人《ひと》たちが
ゆびわを　もっているに　ちがいない！

クイズ《くいず》が　すきだから、
正《ただ》しい　こたえを　いって
正《せい》かいすれば、ゆびわを
かえして　くれるさ。

ヒカルたちは、村《むら》の　人《ひと》たちに
おれいを　いって、火山《かざん》に　むかいました。

正▶

ヒカル《ひかる》と マキ《まき》と 「休《きゅう》《やす》」の カンジュウは、山《やま》みちを
あるいて、やっと えかきの きょうだいの
いえに つきました。

ジャングル《じゃんぐる》で ひろった
ゆびわを かえして ください！

あの 青《あお》空《ぞら》の ように 青《あお》い ほう石《せき》の
ついた きれいな ゆびわだね。
王《おう》さまの ゆびわだったんだね。

◀青

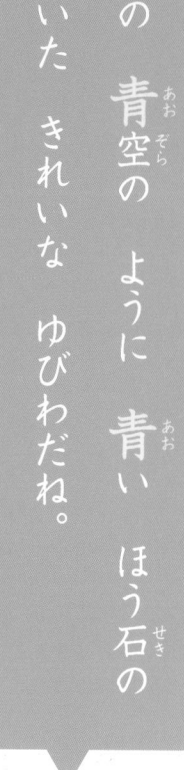

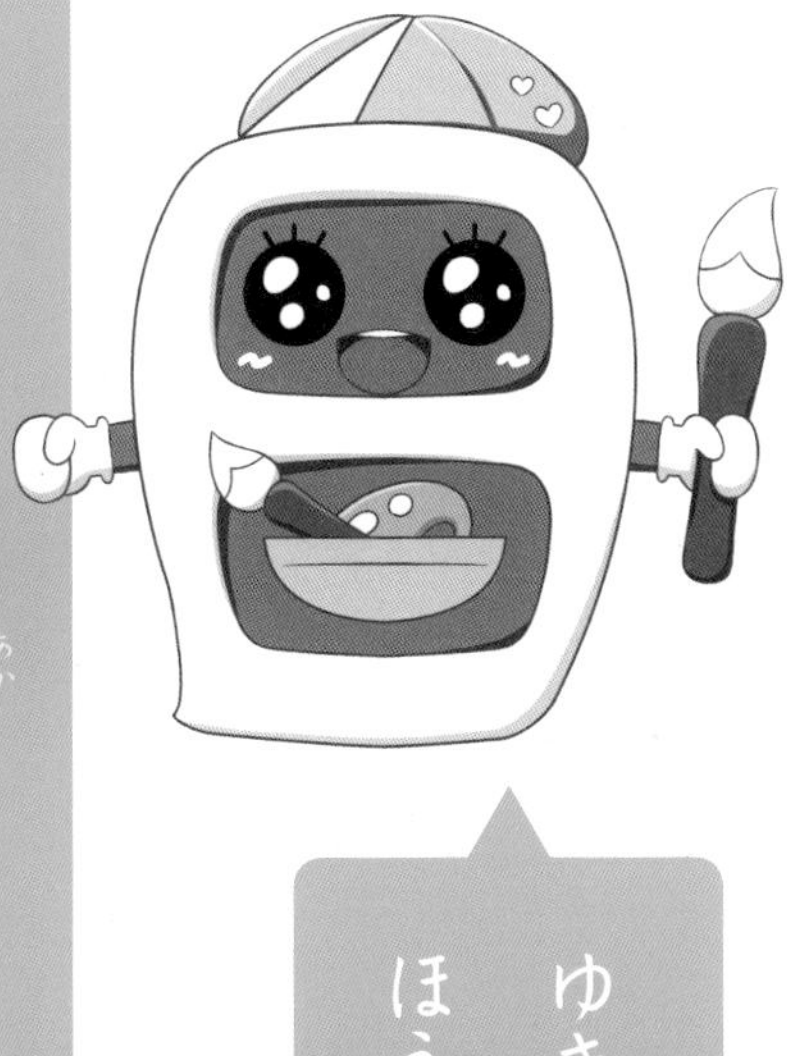
▼白
ゆきの ように まっ白《しろ》な ほう石《せき》も ついて いたね。

火《ひ》の ように 赤《あか》い ほう石《せき》は なかったな。
◀赤

さて、ここで クイズ《くいず》。王《おう》さまの ゆびわは、どんな ゆびわ？

❶ 青《あお》と 赤《あか》の ほう石《せき》の ついた ゆびわ

❷ 白《しろ》と 赤《あか》の ほう石《せき》の ついた ゆびわ

❸ 青《あお》と 白《しろ》の ほう石《せき》の ついた ゆびわ

「❸の　青《あお》と　白《しろ》の　ほう石《せき》がついて　いるのが、
王《おう》さまの　ゆびわだよ！」
ヒカル《ひかる》が　いうと、えかきの
きょうだいが　こえを　あわせて、
「正《せい》かい！」と　いいました。

でも、王《おう》さまの　ゆびわとは
しらなかった。
さあ、もっていくと　いいよ。

これで　やっと、もとの
せかいに　もどれるね！

休《やす》んで　いる　ばあいじゃ
ないな。いそいで　王《おう》さまに
ほうこくしようよ！

ヒカルたちは、えかきの
きょうだいに　おれいを　いって、
王《おう》さまの　しろに　むかいました。

ゆびわが　もどったと　しって、
王《おう》さまは　おおよろこび。

いやあ、ありがとう！
さあ、きみたちを　もとの
せかいに　もどして　あげよう！

王《おう》さまが　ヒカル《ひかる》と　マキ《まき》の　まえに　手《て》を
かざすと、まわりの　けしきが
ぐるぐると　まわり　はじめて…

ヒカルと　マキは　もとの　せかいに
もどりました。

とっても　ふしぎな　せかい
だったね！

でも、おもしろかった！
また　いきたいなあ！

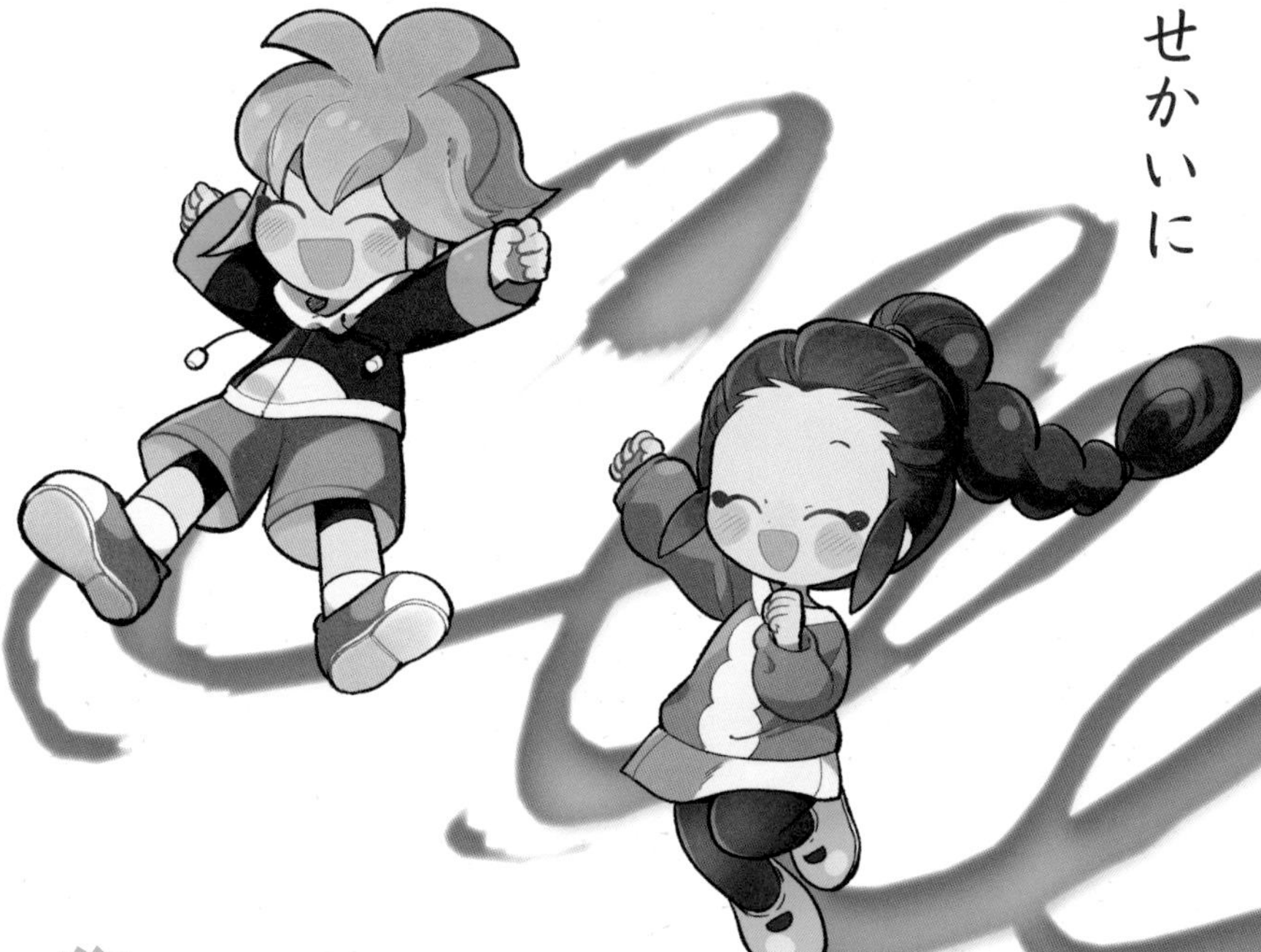

おわり

かん字《じ》
キャラずかん

1年《ねん》生《せい》で　ならう
かん字《じ》の　じてん

だいたい
おはなしに
出《で》てきたじゅんに
ならんで
いるよ！

【保護者の方へ】漢字の読みのかたかなは音読み、ひらがなは訓読みです。

人

2かく

よみ
ジン
ニン
ひと

いみ
にんげん。
ひとの かずを
かぞえる こと
ば。

きみは 人《にん》げんだね。
どんな 人《ひと》なの？

▲にんにん

はじまりしまの 町《まち》の
じゅうみん。人《ひと》さがしが
とくい。

子

3かく

よみ
シ
ス
コ

いみ
こども。たね。
ちいさい もの。
など。

あの子《こ》は 男《だん》子《し》とも
女《じょ》子《し》とも なかよしだ。

▲こっこ

王《おう》さまの 子《こ》どもで 王子《おうじ》
さま。子《こ》ども どうしで
あそぶのが すき。

王

4かく

よみ
オウ

いみ
おうさま。くに
を おさめる
人《ひと》。いちばん
すぐれている
人《ひと》。
など。

わたしは このくにの
こく王《おう》だよ。

▲はじまり王《おう》

はじまり王《おう》こくの 王《おう》さま。
大《だい》じな ゆびわを なくす
おっちょこちょい。

男

7かく

よみ
ダン
ナン
おとこ

いみ
おとこ。むすこ。

ぼくは
男《おとこ》の子《こ》。
ちょう男《なん》
なんだ。

▲だんしい

王《おう》さまの　けらいの
男《おとこ》の子《こ》。男子《だんし》とも　女子《じょし》とも
なかよし。

女

3かく

よみ
ジョ
おんな

いみ
おんな。むすめ。

わたしは
女王《じょおう》さまの
ともだちの
女《おんな》の子《こ》。

◀じょしい

女王《じょおう》さまの　ともだち。
あかるくて　しっかりものの
女《おんな》の子《こ》。

名

6かく

よみ
メイ
ミョウ
な

いみ
なまえ。すぐれている。人《ひと》の かずを かぞえる ことば。

みんなに 名《な》まえを つける 名人《めいじん》だよ。

▲めいじい

カンジュウ《かんじゅう》たちの 名《な》まえを つける 名《な》づけの 名人《めいじん》。とても ものしり。

力

2かく

よみ
リョク
リキ
ちから

いみ
ちから。のうりょく。さいのう。はげむ。つとめる。など。

ぼくは 力《ちから》もち。かい力《りき》の もちぬしさ。

▲りっきい

力《ちから》しごとが とくい。きょう力《りょく》な 力《ちから》で みんなの しごとを 手《て》つだう。

口

3かく

よみ
コウ
ク
くち

いみ
くち。はなす。ではいりする ところ。など。

右《みぎ》が 出口《でぐち》で 左《ひだり》が 入口《いりぐち》だよ。

▲くちがえる

王《おう》さまの けらいで、おしゃべりが 大《だい》すき。口《くち》を ひらくと とまらない。

手

4かく

よみ
シュ
て

いみ
て。てのひら。すぐれた のう力《りょく》を もって いる 人《ひと》。ある しごとを する 人《ひと》。など。

お手《て》本《ほん》に なるように がんばるぞ。

◀はんど かまきり

王《おう》さまの けらいで、手先《てさき》が きよう。やきゅうの せん手《しゅ》でも ある。

足

7かく

よみ
ソク
あし
た(りる)
た(る)
た(す)

いみ
あし。あるくこと。たりる。たす。くつ などを かぞえる ことば。

ぼくの 足《あし》に あう くつが 足《た》りないな。

▲はやあしちいたあ

足《あし》が はやくて じょうぶ。くつを 百足《ひゃくそく》も もって いる。

耳

6かく

よみ
みみ

いみ
みみ。きく　こと。など。

耳《みみ》もとで
ささやいて。
りょう耳《みみ》で
きくよ。

▲みみうさぎ

大《おお》きくて　かわいい
じまんの　りょう耳《みみ》で、町《まち》の
うわさを　ききつける。

目

5かく

よみ
モク
め

いみ
め。めで　見《み》る。めじるし。ねらい。など。

目《もく》ひょうは
目《め》を
大《だい》じに
すること
だよ。

▲めめつむり

目《め》が　いい　カンジュウ《かんじゅう》。
いつも　いろんな　じけんを
目《もく》げきして　いる。

入

2かく

よみ

ニュウ
い(る)
い(れる)
はい(る)

いみ

はいる、なかに はいる。いれる。など。

入学《にゅうがく》
おめでとう。
入口《いりぐち》から
入《はい》ってね。

▼にゅうもんばん

町《まち》の 出入口《でいりぐち》に いる。
町《まち》に 入《はい》る 人《ひと》に もんを
ひらくのが しごと。

出

5かく

よみ

シュツ
だ(す)
で(る)

いみ

そとへ でる。そとへ だす。あらわれる。
さんか する。など。

王《おう》さまが
出《で》る
しあいに
出《しゅつ》じょうす
るよ。

▼でもんばん

町《まち》から 出《で》る 人《ひと》に もんを
ひらくのが しごと。
お出《で》かけが 大《だい》すき。

見

7かく

よみ

ケン
み(る)
み(える)
み(せる)

いみ

みる。みえる。人《ひと》に あう。あらわれる。など。

見《み》るのは はじめて?
見学《けんがく》して いく?

▲けんけん

王《おう》さまの けらい。いろいろ 見《み》て きたので とても ものしり。

立

5かく

よみ

リツ
た(つ)
た(てる)

いみ

たつ。たてる。なりたつ。はじまる。きめる。

き立《りつ》! と いったら
立《た》ち上《あ》がってね。

▲たちみんご

王《おう》さまの けらい。いつでも 立《た》っている。一日中《いちにちじゅう》 立《た》って いても つかれない。

休

6かく

よみ

キュウ
やす(む)
やす(まる)
やす(める)

いみ

やすむ。いったん やめる。

休日《きゅうじつ》は、しっかり
休《やす》まないとね。

▲やすみうさぎ

王《おう》さまの けらい。休《きゅう》けいの 大《たい》せつさを おしえる。休《やす》むと パワー《ぱわあ》が 出《で》る。

本

5かく

よみ
ホン
もと

いみ
もとの。ほんもの。しょもつ。この。ながいものを かぞえる ことば。など。

本《ほん》を よむのは
本《ほん》とうに たのしいね。

▲ほんものん

学《がく》しゃ。本《ほん》が 大《だい》すき。
本《ほん》ものを 見《み》ぬく 力《ちから》を
もって いる。

文

4かく

よみ
ブン
モン

いみ
かかれた ことば。もじ。学《がく》もんや げいじゅつ。もよう。など。

文《も》字《じ》を ならって
文《ぶん》しょうを かこう。

▲ぶんじい

小《しょう》せつか。文《ぶん》しょうを
かくのも よむのも とくい。
ただし、文《も》字《じ》は きたない。

字

6かく

よみ
ジ

いみ
じ。もじ。など。

字《じ》を かく ときは
しせいを 正《ただ》しく！

▲ぺんじはかせ

学《がく》しゃ。しっぽの ペン《ぺん》で、
かん字《じ》を すごく
きれいに かく。

校

10かく

よみ
コウ

いみ
学《まな》ぶ ところ。しらべる。など。

校《こう》ていで 校《こう》かを
げんきに うたおう。

▲こうちょう

町《まち》の 学校《がっこう》の 校《こう》ちょう先《せん》生《せい》。校《こう》しゃが こわれると、すぐに なおして くれる。

学

8かく

よみ
ガク
まな(ぶ)

いみ
まなぶ。がくもん。ちしき。まなぶ ところ。

学《がっ》校《こう》で たのしく
かん字《じ》を 学《まな》ぼう！

▲まなぶん

町《まち》の 学校《がっこう》の 先生《せんせい》。
しっぽの ふでで 文《ぶん》しょうを かく。
ぺんじはかせは おにいさん。

音

9かく

よみ
オン
おと
ね

いみ
おと。こえ。おんがく。など。

音《おん》がく 大《だい》すき。
いい 音《ね》いろを 出《だ》すよ。

▲おとむし

町《まち》の 学校《がっこう》の 音《おん》がくの 先《せん》生《せい》。せなかの はねで、どんな音《おと》でも 出《だ》せる。

車

7かく

よみ

シャ
くるま

いみ

くるま。くるまの　ついた　もの。くるまの　ように　まるい　かたち。

ぼくの　じどう車《しゃ》に　のって　いこう！

▲車《くるま》うりの　しゃあ

車《しゃ》りんを　つかって　すばやく　うごける。町《まち》で　車《くるま》を　うって　いる。

糸

6かく

よみ

シ
いと

いみ

いと。いとの　ように　ほそい　もの。
など。

はりと　糸《いと》で　ふくを　ぬうよ。

▲いとじい

町《まち》で　糸《いと》を　うっている。体《からだ》から　糸《いと》を　出《だ》す　ことが　できる。

玉

5かく

よみ

ギョク
たま

いみ

たま。りっぱで　うつくしい　もの。まるいもの。
など。

きれいな　玉《たま》に　うっとり　するね。

▲たまちゃん

からだが　玉《たま》の　ように　つやつや　している。王《おう》さまと　なかよし。

町

よみ　チョウ　まち

いみ　まち。市町村《しちょうそん》の町《ちょう》。など。

7かく

町《まち》には　いろいろな　ものが　うっているよ。

▲ちょうちょう

町《まち》の　町《ちょう》ちょう。あたらしく　かった　しんごうきが　じまん。

村

よみ　ソン　むら

いみ　むら。市町村《しちょうそん》の村《そん》。など。

7かく

うちの　村人《むらびと》は　とても　しんせつです。

▲そんちょう

村《むら》の　村《そん》ちょう。ゆたかな　しぜんが　じまん。村《むら》を　大《たい》せつに　している。

田

よみ　デン　た

いみ　たんぼ。しおや　石《せき》ゆ、石《せき》たんなどが　土《つち》の　中《なか》から　とれる　ところ。

5かく

田《た》んぼを　たがやして　こめを　つくろう。

▲たんぼうや

村人《むらびと》。田《た》んぼで　おいしい　おこめを　つくっている。かえると　なかよし。

川

3かく

よみ
かわ

いみ
かわ。

川《かわ》に すむ
さかなが
大《だい》こうぶつ
なんだ。

◀ かわもん

川《かわ》の せいれい。きれいな
水《みず》が すき。川《かわ》の さかなを
たべる。

山

3かく

よみ
サン
やま

いみ
やま。など。

ふじ山《さん》は
日本一《にほんいち》
たかい 山《やま》
だってね。

◀ やまのぼる

山《やま》の しぜんを まもる
しごとを している。
山《やま》のぼりが 大《だい》すき。

木

よみ
ボク
モク
き
こ

いみ
き。ざいもく。

4かく

木《もく》よう日《び》に 木《き》を うえたよ。

▲きっこりい

ジャングル《じゃんぐる》の 入《い》り口《ぐち》の 村《むら》に すむ。ジャングルの 木《き》たちの おやぶん。

林

よみ
リン
はやし

いみ
はやし。など。

8かく

林《はやし》の 中《なか》で ピクニック《ぴくにっく》しよう。

▲りんたろう

ジャングル《じゃんぐる》の 入《い》り口《ぐち》の 村《むら》に すむ。木《き》を 大《たい》せつに して、林《はやし》を まもる。

森

よみ
シン
もり

いみ
もり。ひっそり と している ようす。など。

12かく

森林《しんりん》の 中《なか》で まい子《ご》に ならないようにね。

▲もりもり

ジャングル《じゃんぐる》の 入《い》り口《ぐち》の 村《むら》に すむ。森《もり》を あんない するのが しごと。

花

よみ
カ
はな

いみ
はな。うつくしくて はなやかなもの。

7かく

きれいな 花《はな》を
花《か》びんに かざろう。

▲はなちゃん

ジャングル《じゃんぐる》の 入《い》り口《ぐち》の 村《むら》に すむ。花《はな》の ように かわいい。いい においも する。

草

よみ
ソウ
くさ

いみ
くさ。など。

9かく

草花《くさばな》が 生《は》える
草《そう》げんに いこう！

▲くさえもん

ジャングル《じゃんぐる》の 入《い》り口《ぐち》の 村《むら》に すむ。みち草《くさ》をして いろんな 草《くさ》を かんさつするのが すき。

竹

よみ
チク
たけ

いみ
たけ。

6かく

竹《たけ》の 林《はやし》を
竹《ちく》林《りん》と いうよ。

▲おたけちゃん

ジャングル《じゃんぐる》の 入《い》り口《ぐち》の 村《むら》に すむ。竹林《ちくりん》で はたらく。はなちゃん、くさえもんと おさなじみ。

しぜん、生《い》きもの、天気《てんき》、じかんに かんけいする かん字《じ》

火

よみ

カ
ひ

いみ

ひ。あかり。もえる こと。など。

4かく

火《ひ》は べんりだけど 火《か》じに 気《き》を つけて。

▲ひがめらめら

ジャングル《じゃんぐる》に すむ。火《ひ》のように もえる 心《こころ》を もっている。いつも たき火《び》を している。

水

よみ

スイ
みず

いみ

みず。みずの ような もの。みずの ある ところ。など。

4かく

水《すい》よう日《び》に 川《かわ》で 水《みず》を くんだよ。

▲すいすい

ジャングル《じゃんぐる》に すむ。水《みず》の ながれを あやつる 力《ちから》を もっている。

土

よみ

ド
ト
つち

いみ

つち。どろ。じめん。など。

3かく

土《つち》が つくから 土《ど》足《そく》は だめだよ！

▲つちもぐら

ジャングル《じゃんぐる》の 土《つち》の 中《なか》で くらす。はずかしがりやの 土《つち》ほり名人《めいじん》。

生

5かく

よみ

ショウ　セイ
い(かす)　い(きる)
い(ける)
う(まれる)　う(む)
なま
は(える)　は(やす)

いみ

いきる。いかす。くらし。うむ。うまれる。はえる。はやす。なま。など。

生《う》まれた
いえで
生《せい》かつ
してます。

生《い》きものはかせで、学校《がっこう》の
先生《せんせい》。生《なま》ざかなが　大《だい》こうぶつ。
けが　たくさん　生《は》えている。

貝

7かく

よみ

かい

いみ

かい。かいがら。

この貝《かい》を
やいて
たべよう
よ。

ジャングル《じゃんぐる》の　川《かわ》に　すむ。
貝《かい》の　かたちだけれど、水《みず》の
そとでも　大《だい》じょうぶ。

虫

6かく

よみ
チュウ
むし

いみ
むし。こんちゅう。なにかに　ねっちゅうする　人《ひと》。など。

こん虫《ちゅう》を
さがして
いたら
かぶと虫《むし》を
見《み》つけた
よ。

◀ちゅうべえ

ジャングル《じゃんぐる》に　すむ。虫《むし》を
つかまえるのが　すきだけれど、
たまに　じぶんが　つかまる。

犬

4かく

よみ
ケン
いぬ

いみ
いぬ。など。

けいさつ犬《けん》
のように
かっこいい
犬《いぬ》が
すき。

▲けんけん

ジャングル《じゃんぐる》に　すむ。
けいさつ犬《けん》に　あこがれている。
ぼうしの　お花《はな》が　目《め》じるし。

石

5かく

よみ
シャク
セキ
いし

いみ
いし。いわ。いしころ。ねうちの ないもの。かたいものの たとえ。など。

きれいな
石《いし》だ。
ほう石《せき》
かな？

▲いしたろう

ジャングル《じゃんぐる》に すむ。からだは
石《いし》のように かたいけれど、
気《き》もちは やさしい。

金

8かく

よみ
キン
コン
かな
かね

いみ
きん。おかね。きんぞく。きんいろ。うつくしいものや きちょうな ものの たとえ。など。

金《きん》を
見《み》つけて
お金《かね》に
かえよう。

◀かねもっちゃん

ジャングル《じゃんぐる》に すむ。金《きん》いろに
ひかる カンジュウ《かんじゅう》。カンジュウの
なかで 一《いち》ばんの お金《かね》もち。

日

4かく

よみ
ジツ
ニチ
か
ひ

いみ
たいよう。ひるま。まる一《いち》にち。まいにち。
ひにちを かぞえる ことば。など。

この日《ひ》は
一日中《いちにちじゅう》
いそがし
かったよ。

◀ひにっち

空《そら》に うかぶ カンジュウ《かんじゅう》。
お日《ひ》さまの ように いつも
あかるくて にこにこしている。

月

4かく

よみ
ガツ
ゲツ
つき

いみ
つき。ひとつき。いっかげつ。など。

月《げつ》よう日《び》は
月《つき》が
きれいだっ
たね。

◀つっきい

空《そら》に うかぶ カンジュウ《かんじゅう》。月《つき》の
かたちの かわいい ぼうしが
目《め》じるし。いつも ねむそう。

空

8かく

よみ
クウ
あ(く)
あ(ける)
から
そら

いみ
そら。からっぽ。あける。むだ。など。

空《そら》が
青《あお》くて
空気《くうき》が
きれいだ。

▲くうもん

空《そら》に　うかぶ　カンジュウ。心《こころ》が
空《から》っぽに　なったときには　空《そら》に
うかんで、ぼーっと　している。

天

4かく

よみ
テン
あま

いみ
てん。空《そら》。てっぺん。しぜん。生《う》まれつき。など。

天《てん》を
見上《みあ》げたら、
天《あま》の川《がわ》が
見《み》えた。

▲てんちゃん

空《そら》に　うかぶ　カンジュウ。
天《てん》に　いて　カンジュウたちを
天《てん》から　見《み》まもって　いる。

年

6かく

よみ ネン　とし

いみ とし。ねんれい。など。

一年中《いちねんじゅう》
お年玉《としだま》が
もらえると
いいのに。

◀ねんねん

一月一日《いちがつついたち》に　生《う》まれた。
まい年《とし》、お年玉《としだま》を
もらうのが　たのしみ。

夕

3かく

よみ ゆう

いみ ゆうがた。よる。など。

夕《ゆう》がたには
かえって
くるよ。

▲ゆうむうん

じかんの　せいれい。夕《ゆう》がたに
すがたを　あらわす。いちばんの
たのしみは　夕《ゆう》ごはん。

雨

8かく

よみ
ウ
あま
あめ

いみ
あめ。あめが ふる こと。など。

雨《あめ》が
ふると
雨水《あまみず》が
たまるね。

▲あめちゃん

天気《てんき》の せいれい。雨《あめ》の 日《ひ》は
すきだけど、ぬれるのは きらい。
雨《あま》がさを さしている。

気

6かく

よみ
キ
ケ

いみ
くうき。しぜんの げんしょう。いき。
こきゅう。におい。かおり。けはい。など。

気《け》はいを
けせば
気《き》づかれ
ない。

▼きまぐうれ

気《き》ままで 気《き》まぐれ。
気《き》の むくままに 気《き》らくに
くらしている。

左

いみ

ひだり。など。

5かく

よみ

サ
ひだり

左右《さゆう》の
わかれみち
では
左《ひだり》に
いくよ。

▲ひだりん

ジャングル《じゃんぐる》に すむ。いつも 左《ひだり》がわを 見《み》てしまう。みぎりんとは けんかも するけれど なかよし。

右

いみ

みぎ。など。

5かく

よみ

ウ
ユウ
みぎ

右《みぎ》見《み》て
左《ひだり》見《み》て
また右《みぎ》を
見《み》て！

▲みぎりん

ジャングル《じゃんぐる》に すむ。ときどき 左右《さゆう》が わからなくなる。ひだりんとは ふたご。

上

3かく

よみ

ジョウ
あ(がる) あ(げる)
うえ うわ
かみ
のぼ(る)

いみ

あがる。あげる。のぼる。うえ。いちや、年《ねん》れい などが たかい こと。など。

上《うえ》に 上《あ》がって まって いてね。

▲スケボーのじょう

いつも 元気《げんき》で 上《じょう》きげん。
かいだんが あったら、
かならず 上《のぼ》ってしまう。

下

3かく

よみ

カ ゲ
お(りる) お(ろす)
くだ(さる) くだ(す)
くだ(る)
さ(がる) さ(げる)
した しも

いみ

さげる。さがる。くだる。した。しも。いちや、年《ねん》れい などが ひくい こと。など。

山《やま》を 下《お》りる ことを 下山《げざん》と いう。

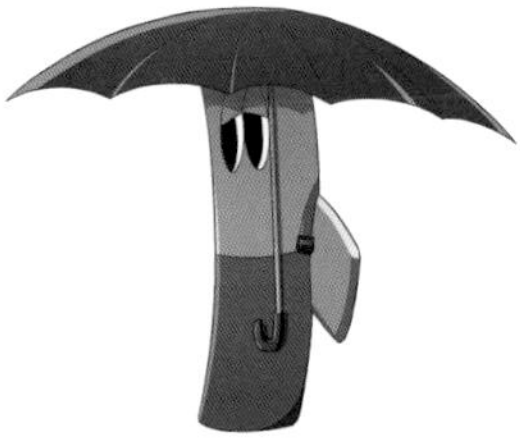

▲かさのしたぞう

いつも かさの 下《した》に いる。
ひかえめな せいかくで つい
うしろに 下《さ》がってしまう。

大

3かく

よみ
タイ
ダイ
おお
おお(いに)
おお(きい)

いみ
おおきい。りっぱな。じゅうようで ある。おおい。など。

大《だい》すきな ごはんを 大《おお》もりで たべるよ。

▲まとりょおだい

からだの 大《おお》きな 大学生《だいがくせい》。とっても 大《おお》ぐい。たいじゅうは 大《だい》たい 100 キログラム《きろぐらむ》。

中

4かく

よみ
ジュウ
チュウ
なか

いみ
なか。うちがわ。まんなか。とちゅう。ものと ものの あいだ。など。

森《もり》の 中《なか》で 一年中《いちねんじゅう》 くらしたよ。

▲まとりょおちゅう

中学生《ちゅうがくせい》で、からだの 大《おお》きさは ともだちの 中《なか》で 中《ちゅう》くらい。ごはんは 中《ちゅう》もり。

小

3かく

よみ
ショウ
お
こ
ちい(さい)

いみ
ちいさい。すくない。つまらない。おさない。など。

小川《おがわ》で 小《こ》ざかなを 見《み》たよ。

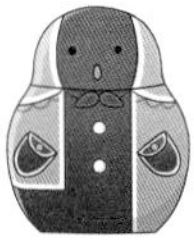

▲まとりょおしょう

体《からだ》の 小《ちい》さな 小学生《しょうがくせい》。じぶんより 大《おお》きな ものに あこがれて いる。

先

6かく

よみ
セン
さき

いみ
いちが まえの ほう。じかんが 早《はや》い ほう。はじめに。まず。など。

先《せん》生《せい》が 先《さき》に 手《て》本《ほん》を 見《み》せるよ。

▲おさき先生《せんせい》

カンスージ村《かんすうじむら》の 学校《がっこう》の 先生《せんせい》。まい日《にち》、だれよりも 先《さき》に 学校《がっこう》に 行《い》っている。

早

6かく

よみ
ソウ
はや(い)
はや(まる)
はや(める)

いみ
じかんや じきが はやいこと。ふつうより はやいこと。きゅうな こと。など。

早《はや》ね 早《はや》おき！ 早《はや》口《くち》で いって ごらん。

◀はやこっこ

カンスージ村《かんすうじむら》の 村人《むらびと》。早《はや》く おきて、村《むら》の カンジュウたちを おこすのが しごと。

一

1かく

よみ

イチ
イツ
ひと
ひと(つ)

いみ

いち。ひとつ。いちど。ものごとの さいしょ。もっとも すぐれている。ひとつにする。など。

一《いち》じかんで ケーキを 一《ひと》つ つくったよ。

▲ひとたまん

カンスージ村《かんすうじむら》の 村人《むらびと》。あたまの 上《うえ》に 玉《たま》が 一《ひと》つ。たん生日《じょうび》は 一月《いちがつ》一日《ついたち》。なんでも 一《いち》ばんが すき。

二

2かく

よみ

ニ
ふた
ふた(つ)

いみ

に。ふたつ。もういちど。ふたつめ。にばんめ。べつの。など。

いえの 二《に》かいには まどが 二《ふた》つ あるよ。

▲ふたたまん

カンスージ村《かんすうじむら》の 村人《むらびと》。あたまの 上《うえ》に 玉《たま》が 二《ふた》つ。たん生日《じょうび》は 二月《にがつ》二日《ふつか》。ごはんは 二《に》はい たべる。

三

3かく

よみ

サン
み
み(つ)
みっ(つ)

いみ

さん。みっつ。さんかい。さんばんめ。なんども。など。

三日月《みかづき》を 見《み》て 三《さん》かい おじぎ。

▲みつたまん

カンスージ村《かんすうじむら》の 村人《むらびと》。あたまの 上《うえ》に 玉《たま》が 三《みっ》つ。たん生日《じょうび》は 三月三日《さんがつみっか》。三《さん》かくけいが すき。

四

5かく

よみ
シ
よ
よ(つ)
よっ(つ)
よん

いみ
よん。よっつ。よんばんめ。など。

四《し》かくい　パン《ぱん》を
四《よっ》つ　たべたよ。

▲よっつん

カンスージ村《かんすうじむら》の　村人《むらびと》。あたまの上《うえ》に　玉《たま》が　四《よっ》つ。たん生日《じょうび》は四月四日《しがつよっか》。四《し》かくけいが　すき。

五

4かく

よみ
ゴ
いつ
いつ(つ)

いみ
ご。いつつ。ごかい。ごばんめ。など。

五十《ごじっ》こ入《い》りの　あめの
うち、五《いつ》つを　なめたよ。

▲ごっつん

カンスージ村《かんすうじむら》の　村人《むらびと》。あたまの　上《うえ》に　玉《たま》が　五《いつ》つ。たん生日《じょうび》は　五月《ごがつ》五日《いつか》。犬《いぬ》を　五《ご》ひき　かっている。

六

4かく

よみ
ロク
む
むい
む(つ)
むっ(つ)

いみ
ろく。むっつ。ろっかい。ろくばんめ。など。

六《ろく》人《にん》きょうだいの
六《ろく》ばん目《め》さ。

▲むっちゃん

カンスージ村《かんすうじむら》の　村人《むらびと》。あたまの　上《うえ》に　玉《たま》が　六《むっ》つ。たん生日《じょうび》は　六月《ろくがつ》六日《むいか》。六《ろっ》かい　まい子《ご》に　なった。

七

2かく

よみ
シチ
なな
なな(つ)
なの

いみ
なな。ななつ。ななばんめ。ななかい。なんども。など。

森《もり》で、七《なな》つの 石《いし》と 七《なな》ひきの 虫《むし》を 見《み》た。

▲ななごん

カンスージ村《かんすうじむら》の 村人《むらびと》。あたまの 上《うえ》に 玉《たま》が 七《なな》つ。たん生日《じょうび》は 七月七日《しちがつなのか》。とても うんが いい。

八

2かく

よみ
ハチ
や
や(つ)
やっ(つ)
よう

いみ
はち。やっつ。はちばんめ。はちかい。たくさん。など。

よるの 八《はち》じに 本《ほん》を 八《はっ》さつ よんだよ。

▲はっち

カンスージ村《かんすうじむら》の 村人《むらびと》。あたまの 上《うえ》に 玉《たま》が 八《やっ》つ。たん生日《じょうび》は 八《はち》月八日《がつようか》。おこづかいは 八十円《はちじゅうえん》。

九

2かく

よみ
キュウ
ク
ここの
ここの(つ)

いみ
きゅう。ここのつ。きゅうばんめ。きゅうかい。たくさん。など。

九《ここの》日《か》に 九《きゅう》人《にん》の ともだちと あったよ。

▲きゅうちゃん

カンスージ村《かんすうじむら》の 村人《むらびと》。あたまの 上《うえ》に 玉《たま》が 九《ここの》つ。たん生日《じょうび》は 九月九日《くがつここのか》。きゅうりが すき。

十

2かく

よみ

ジッ
ジュウ
と
とお

いみ

じゅう。じっかい。じゅうばんめ。かずが おおい こと。など。

十《じゅう》じ 十《じっ》ぷんに おやつを たべよう。

▲じゅじゅ

カンスージ村《かんすうじむら》の 村人《むらびと》。あたまの 上《うえ》に 玉《たま》が 十《じっ》こ。たん生日《じょうび》は 十月《じゅうがつ》十日《とおか》。なんでも 十《じっ》こ入《い》りが すき。

百

6かく

よみ

ヒャク

いみ

ひゃく。かずが おおい。たくさん。など。

百人《ひゃくにん》の カンジュウ《かんじゅう》で 木《き》を 百本《ひゃっぽん》 うえたよ。

▲ひゃっかめん

カンスージ村《かんすうじむら》の 村人《むらびと》。ともだちが 百人《ひゃくにん》いる。百年《ひゃくねん》まえから 生《い》きている。

千

3かく

よみ

セン
ち

いみ

せん。せんかい。たくさん。かずが おおい こと。など。

ぼくには ともだちが 千人《せんにん》 いるよ。

▲せんべえ

カンスージ村《かんすうじむら》の 村人《むらびと》。ともだちが 千人《せんにん》 いるのが じまん。すぐに 千円《せんえん》を ほしがる。

円

4かく

よみ
エン
まる(い)

いみ
まる。なめらか。おだやか。まるい ようす。かけたところが ない。日本《にほん》の お金《かね》の たんい。など。

十円玉《じゅうえんだま》は
円《まる》いの？
ぼくに
見《み》せて！

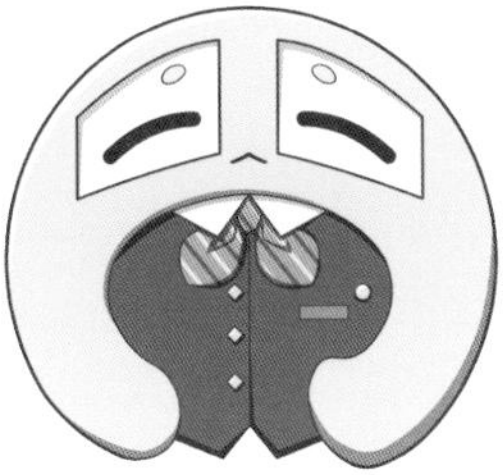

▲まるちゃん

カンスージ村《かんすうじむら》の 村人《むらびと》。
おさらなど、円《まる》いものが 大《だい》すき。
お金《かね》の けいさんが はやい。

正

5かく

よみ
ショウ
セイ
ただ(しい)
ただ(す)
まさ

いみ
ただしい。まっすぐに むく。まちがいを ただす。まさに。ちょうど。など。

正月《しょうがつ》は
正《まさ》に
一年《いちねん》の
はじまり。

▼せいぎまん

カンスージ村《かんすうじむら》の けいさつかん。
正《ただ》しい ことが すきな 正《しょう》じきもの。
いつも 正《しょう》めんを むいて いる。

青

8かく

よみ

セイ
あお
あお(い)

いみ

あお。あおい。
わかい。
わかわかしい。

空《そら》が 青《あお》いと
きもちがいいね。

▲えかきのあお

火山《かざん》の 上《うえ》に すむ えかきの
青年《せいねん》。青《あお》い 体《からだ》が 目《め》じるし。
空《そら》や うみを かくのが とくい。

白

5かく

よみ

ハク
しら
しろ
しろ(い)

いみ

しろ。しろい。あかるい。はっきりしている。けがれていない。なにもない。など。

白《はく》ちょうと 白《しろ》い
くもを かいたよ。

▲えかきのしろ

火山《かざん》の 上《うえ》に すむ えかき。
白《しろ》い えが とくい。心《こころ》が
まっ白《しろ》で とても じゅんすい。

赤

7かく

よみ

セキ
あか
あか(い)
あか(らむ)
あか(らめる)

いみ

あか。あかい。
むきだし。
ありの ままの。
など。

赤《あか》い えのぐで
赤《あか》い花《はな》を かこう。

▲えかきのあか

火山《かざん》の 上《うえ》に すむ えかき。
赤《あか》い ものを かくのが とくい。
じょうねつてきな えを かく。

おもな参考文献

『新レインボー小学漢字辞典 改訂第6版』加納喜光監修 Gakken
『チャレンジ小学漢字辞典 カラー版 第2版』桑原隆監修 ベネッセコーポレーション
『例解学習漢字辞典 第九版』藤堂明保、深谷圭助、白坂洋一、山本真吾編 小学館
『大漢和辞典 修訂増補』諸橋轍次、鎌田正、米山寅太郎著 大修館書店

監修

青木伸生

筑波大学附属小学校国語教育研究部教諭。全国国語授業研究会会長。教育出版国語教育編著者。日本国語教育学会常任理事。筑波大学非常勤講師。著書に『青木伸生の国語授業 3ステップで深い学びを実現！ 思考と表現の枠組みをつくるフレームリーディング』『青木伸生の国語授業 フレームリーディングで文学の授業づくり』『青木伸生の国語授業 フレームリーディングで説明文の授業づくり』『基幹学力をはぐくむ「言語力」の授業』（いずれも明治図書出版）、共著に『個別最適な学びに生きる フレームリーディングの国語授業』（東洋館出版社）ほか多数。

ストーリー・カンジュウキャラクター原案
太田守信
カンジュウキャラクターイラスト
愛瀬ちゆ　かげ　すい　杉谷エコ　千切りれたす　CHA 米
星月雪音　星見しょーり　槙島ジコ　水夜まれ（あいうえお順）
カンジュウキャラクターイラスト協力
株式会社サイドランチ
本文イラスト　古田かれん　iStock
編集協力　上村ひとみ
ブックデザイン　百足屋ユウコ（ムシカゴグラフィクス こどもの本デザイン室）
本文レイアウト　菊田智代（エスプランニング）
編集デスク　野村美絵
編集　大宮耕一

よんでワクワク!
おはなし かん字《じ》じてん

かん字のくにの大《だい》ぼうけん

一《いち》年《ねん》生《せい》

2023年 3月30日 第1刷発行

監　修　青木伸生
編　著　朝日新聞出版
発行者　片桐圭子
発行所　朝日新聞出版
〒104-8011
東京都中央区築地5-3-2
電話　03-5541-8833（編集）
03-5540-7793（販売）
印刷所　大日本印刷株式会社

Published in Japan by Asahi Shimbun Publication Inc.
ISBN 978-4-02-332240-0

定価はカバーに表示してあります。

落丁・乱丁の場合は弊社業務部（03-5540-7800）へご連絡ください。
送料弊社負担にてお取り替えいたします。